水墨彩虹

张成泽的艺术之路

郝传更 著

济南出版社

图书在版编目（CIP）数据

水墨彩虹 / 郝传更著 . -- 济南：济南出版社，
2025.6. -- ISBN 978-7-5488-7428-7

Ⅰ.K825.72

中国国家版本馆 CIP 数据核字第 20252S9C55 号

水墨彩虹
SHUI MO CAIHONG

郝传更　著

出 版 人　谢金岭
责任编辑　孙敬文
装帧设计　冉　冉

出版发行　济南出版社
地　　址　山东省济南市二环南路 1 号（250002）
总 编 室　0531-86131715
印　　刷　济南鲁艺彩印有限公司
版　　次　2025 年 6 月第 1 版
印　　次　2025 年 7 月第 1 次印刷
开　　本　170 mm×240 mm 16 开
印　　张　15
字　　数　196 千字
书　　号　ISBN 978-7-5488-7428-7
定　　价　69.80 元

如有印装质量问题 请与出版社出版部联系调换
电话：0531-86131736

　　张成泽，1953年1月生，山东省滕州市人，研究生学历。毕业于山东大学，曾就读于中央美术学院国画系，中国艺术研究院研究生院硕士研究生课程班。受教于当代著名画家李魁正、张立辰、唐勇力、崔培鲁诸先生。多幅作品参加中国美术家协会举办的全国艺术展。

　　曾受聘清华大学美术学院高研班导师，山东联合大学、济南市老年大学兼职教授，山东轻工职业技术学院客座教授，山东画院高级画师，山东省翰林书法院副院长，中华爱心书画研究院艺术总监。中国美术家协会会员，中国工笔画学会会员，山东省美术家协会会员。

　　多幅作品发表于《美术》《国画家》《鉴赏收藏》《中国艺术家大典》《中国书画报》《美术报》《羲之书画报》及河北美术出版社套书《花鸟画谱》《新编花鸟画谱》《名家百画》《名家花鸟画》《中国山水画名家》《临摹与创作》《名家花鸟画小品》等专业刊物。

　　出版个人专辑五册，分别在济南、潍坊、苏州、徐州举办个人书画艺术展。作品被多家艺术机构收藏。

五树六花

——《水墨彩虹》序

苗长水

一

1979 年的 4 月，本文作者年满 26 岁，作为中国人民解放军原济南军区体育代表团的随团记者，住进了北京王府井大街旁的中国人民解放军原总参谋部第四招待所主楼。此时，这里的主楼、副楼上住满了来自中国人民解放军济南军区的篮球、排球、乒乓球、田径、军体等项目的体育健儿，其中有名震亚洲的中国男篮主力队员、同时也是中国人民解放军原济南军区男篮主力队员穆铁柱、马连民、邢伟宁等，也有《水墨彩虹》一书所评介的著名画家张成泽的未来妻子——中国人民解放军原济南军区乒乓球队队长唐惠芳。那年，她 25 岁。她个子不高，圆圆的脸蛋红扑扑的，两只大眼睛炯炯有神。她打球的技法娴熟，擅长右手横握球拍的削球打法，削出去的球又低又转速快，常常被对手称为"要用起重机才能拉得起来"。她曾获全国及省、市、县各级乒乓球比赛冠、亚、季军，1972 年由山东省潍坊市昌乐县特招至军区乒乓球队，后任队长。"唐惠芳的步伐还特别好，别人一吊，她一下子就跑上来了，偶尔还攻一板，一板就能致胜。""在小队员们心中，唐惠芳就像冬日里的阳光、冰雪中的红梅，能够抚平心灵的创伤，是疗养自己心灵的港湾。"……（引自郝传更报告文学《勇士之歌》）

那年，她和张成泽相恋两年还没结婚，各自都在为自己的事业拼搏奋斗。

而那届全军运动会最重要的是让大家感受到一种春天的气息，不仅仅是自然的人间四月天，当时，大家在热烈议论着，我们的党和国家改革开放的春天也要来了。全军运动会期间，中国人民解放军原济南军区男女篮球队均获冠军，我连夜写了一篇关于这两场"激战"的报道，发回了《前卫报》。

一年后，我认识了郝传更。他从中国人民解放军原济南军区装甲兵部队到《前卫报》协助工作，后调入前卫报社一科，成为一名编辑。传更兄长我一岁，身姿挺拔，浓眉阔面，话少低调。休息时大家冲进乒乓球室，低调的郝传更忽然爆发了，发出了报社同志们没见过的高抛发球，然后更是拉着前冲弧圈，打得对手找不着北。

郝传更的乒乓球水平在军区机关里名列前茅。而后大家陆续发现了他的更多才华：文采好，编写的版面、文稿频频受到领导的表扬；口才好，我记得每当我们一科开会，需要年轻编辑发言时，我基本都是寥寥数语结束，而传更却侃侃而谈，让领导们甚是赞赏；头脑好，传更入伍前便当过理化老师，在部队自学了几门外语，担任过坦克团外语教员。数理化以及文史知识更不用说，那是样样出色，真不是什么人都能与之比肩的。

我们那批年轻编辑当时不仅编辑任务重，业余时间还要参加"自学考试""编辑职称考试""自修大学考试"等。传更兄和几位敢于争第一、创一流的年轻同仁们，在考试前的那些夜晚复习，常常每晚只有两三个小时的睡眠时间，舌头都熬成黑紫色，之后在这些考试中过关斩将，冲冠夺魁。郝传更撰写传记时扎实细致的采访和真实震撼的记述，得到大家的高度认可。

二

《水墨彩虹》是郝传更新近完成的又一部非常引人入胜的艺术品评之作。

张成泽是郝传更的战友，也是我的好朋友。

当知道中央美术学院开始招生的消息时，张成泽心动不已。报考中央美术学院的难度之大出乎很多人的意料，跃跃欲试者成千上万，而中央美术学院国画系进修班仅招收数十人。浸润笔墨多年的张成泽在万千绘画侪辈中脱颖而出，一举金榜题名。

张成泽赴京的时候，很多人不理解："你是公司领导，就这么走了，多可惜啊！"张成泽笑说："我自炒了鱿鱼。"

他在追求艺术道路上是决绝的，他的妻子唐惠芳也义无反顾地支持着他，一同面对挑战，这让人想到郭沫若的那首诗《凤凰涅槃》——

> 除夕将近的空中，
> 飞来飞去的一对凤凰，
> 唱着哀哀的歌声飞去，
> 衔着枝枝的香木飞来，
> 飞来在丹穴山上。
>
> 山右有枯槁了的梧桐，
> 山左有消歇了的醴泉，
> 山前有浩茫茫的大海，
> 山后有阴莽莽的平原，
> 山上是寒风凛冽的冰天。
>
> 天色昏黄了，
> 香木集高了，
> 凤已飞倦了，
> 凰已飞倦了，
> 他们的死期将近了。
>
> 凤啄香木，
> 一星星的火点迸飞。

凰扇火星，

一缕缕的香烟上腾。

……

三

1999 年 9 月 9 日，中央美术学院国画系进修班举行开学典礼，中央美术学院巨擘济济一堂：张立辰、崔晓东、田黎明、胡明哲、姚鸣京、于光华……他们个个高蹈独步，享誉海内外。

张成泽在张立辰先生及诸位教授、专家的传授中，领悟了如何用精湛的笔墨技巧展示自然美和艺术美，学习怎样用精彩的表达方式实现从自然生命到艺术生命的不断升华。

中央美术学院国画系山水教研室主任、炎黄艺术馆副馆长崔晓东教授一连给国画进修班的学员们讲了六天课，还带着大家到炎黄艺术馆参观国宝珍藏，一连二十多天到北京十渡风景区写生。校内画坛大师级人物众多，重点学哪个？他的答案是，选学大师要选个人喜欢的、自己需要的、能指导自己的。

中央美术学院中国画学院院长、中国工笔人物画领军人物唐勇力教授，主张"中西绘画要拉开距离"，坚持两端深入、中西融合、多元共进，以造型为基础，以笔墨为核心，在回溯传统的同时对工笔画进行了深入思考。唐勇力教授的绘画理论与实践让张成泽的认知跃上一个新台阶：只有打破工笔和意笔的传统对立模式，才能开拓现代工笔人物画异常自由的创作空间。只要我们做到了，就会在中国美术发展史上留下一道深深的痕迹。

正如张成泽在"妙趣自然——张成泽国画艺术展"开幕式上致辞时所说："中国画源远流长，博大精深。我的画作才触及到了传统中国画的一条小溪流，也就是说，中国画如果是一条长河的话，我的画只是这条长河中的一条小溪流。"就算张成泽先生的画作只是一朵浪花、一条小溪流，却也可圈可点、可歌可泣，其执着追求、奋斗的历程以及其突出的成就更令人赞叹。

为了追赶温暖的阳光，大雁不远万里飞翔。为了酿造香甜的蜜汁，蜂儿在花丛中奔忙。张成泽完成了自己的"凤凰涅槃"。

苗长水，1953 年生人，山东沂南人，1970 年入伍，中共党员，毕业于解放军艺术学院文学系，曾任《前卫报》文艺编辑，原济南军区政治部文艺创作室主任，专业技术三级，一级作家，山东省作家协会副主席。其文艺作品《冬天与夏天的区别》获 1987 年—1988 年全国优秀中篇小说奖，《犁越芳冢》获第三届《十月》文学奖，《乡村警察》获第四届《青年文学》创作奖，《战后纪事》获 1988 年《昆仑》文学奖。1992 年获庄重文文学奖，2002 年获冯牧文学奖。《染坊之子》《御花园》等作品被译为英文、法文出版，他被誉为"从沂蒙走出来的军旅文学骁将"。

CONTENTS

目　录

国色天香的牡丹、晶莹欲坠的葡萄、沾露带刺的玫瑰、拔地而起的地涌金莲，还有异变的孔雀……在张成泽的笔下，那是有灵性、有灵魂的生命，力与美在这里永驻。王昆仑先生有诗赞曰："丹青往代千万家，翘首今朝看异花。意动风来吹笔舞，江山无限走龙蛇。"这首诗，十分准确地概括了张成泽书画艺术的杰出成就和艺术特色。看着张成泽那清新秀润、素净典雅的一幅幅画作，打心眼里就忍不住产生一种愉悦的感觉，仿佛这一幅幅画作就是天地间最美的馈赠。

中国画有其独特的艺术语境。有种光影流变中承载的历史厚重感与岁月沧桑感，有种水墨本体语言所能表现出来诗情画意中的亦真亦幻，有种画面由内向外延伸出来的静谧浑朴。

张成泽挥舞画笔一甲子，咳珠吐玉、点石成金，化平凡为非凡，以自己的诗样年华实现了最大化人生价值与超越人文价值的理想。他以强烈的爱国之心将艺术创作与国家命运、人民利益和民族文化相融合，处处体现着生活中的真善美。他画名早立，但他谦逊博学，低调做人。与同道后学、陌生人做朋友，都是怀揣着坦诚、友善、豁达、宽容的心态，蔼然有长者之风。这正是他的人格魅力和艺术价值所在。其诗画让人感动，感动之余也会让人产生对艺术的审美、思考、喜悦与享受之情，甚至是豁然开朗的醒悟。当然，正如董仲舒所说"诗无达诂"，对《诗经》没有一成不变的解释。读画、解诗，本身不亚于一次艺术重历和艺术创作的再体验，也是一次愉快的精神之旅。

走进张成泽诗意的书画世界，我们发现了什么？我们将看到一个令人惊奇的景象，看到水墨世界里一抹绚丽的彩虹。

种子入心要发芽

人的一生就是一本厚重的书，让我们从头来翻阅画家张成泽先生的生平事迹。

有位教育家这么说过："人，八岁以前受到的教育和种种影响，能决定他的一生。"正如哲理诗："心地含诸种，普雨悉皆萌。既悟花情已，菩提果自成。"如果在孩子纯洁的心里埋下艺术的种子，那么，来日在适当的时间便会生根、发芽、开花、结果。

雨露不润无根草，风云只化有鳞鱼。画家张成泽先生卓然成名成家，既源于思想家墨子故乡丰厚的鲁南遗风，又得益于革命大熔炉的陶染，更是他对自身潜力的不断挖掘使然。

微山湖畔的滕县，现称滕州。这里是名将良才荟萃之地。隐居王开村的元末名将张良弼率七兄弟南征北战，奋勇杀敌，曾在军中留下"不怕金牌张，惟怕七条枪"的千古绝唱；清朝咸丰年间，后仓沟村王怀锦族人在科举中列为贡生，声名显赫。朝廷颁旨御赐两座旗杆，成为一段佳话。"金仓沟，银王开，珍珠玛瑙鲁家寨"是流行于鲁南地区的一句民间俚语。张成泽于1953年1月6日出生在山东省滕县南沙河公社后仓沟村，小名叫栓成，随着逐渐长大，人们开始叫他小成。家乡的优秀传统文化，给先居住在王开村，后迁徙至后仓沟村的孩童小成，插上了富有想象力的翅膀，使他自幼耽思文墨，志寄丹青，痴迷绘画。

小成天生喜欢看画。20世纪50年代，整个华夏大地口号震天，红旗飘飘，那是一段激情燃烧的岁月。1958
年夏天，不满 6 岁的小成在家中
似乎成了没人管的"自由兵"。
父亲张敬才（原名张贻斌，过继
给叔叔张丰标以后改名张敬才）
在煤矿工作，常年不在家；母亲
王学兰工作繁忙，无暇顾及孩子。
这一天，"自由兵"小成竟然离
开家跑了 6 公里之远，来到父亲
工作的莱村煤矿。没想到，小成
刚进矿区就被一位画画的叔叔迷
住了。这位叔叔正在墙壁上挥笔
描绘巨幅壁画《工人阶级有力量》。

滕州龙泉塔

转瞬间，画面上出现了一位戴着矿灯安全帽的工人，肩扛铁锤，粗壮有力的
大手挥着钢钎，带领着一群工人"冲锋陷阵"……小成虽然分不清岩画和油画，
也辨别不出水彩画与油漆画，但就是感觉好看，打心眼里喜欢。他蹲在那里，
半天时间一动不动，睁大眼睛好奇地盯着那位叔叔绘影绘神，尽态极妍。

"画画真好，画画真美！"矿区的宣传栏太吸引人了！小成见着宣传画、
剪纸、速写、图片就盯着瞧，没有纸和笔，就弄根小树枝在地面上照着画。
父亲上班去，他就一个人在父亲的宿舍里写写画画。父亲下班后，领着小成
逛矿区。小成一路上总是指着周围的书画，不停地问父亲："这是什么字？
这是什么画？为什么画得那么好看？"一连串的问号，显示出一个稚童对画
画的兴趣。看着小成这孩子这么好学，父亲张敬才自然是满心欢喜。因此，
当小成提出"我要画画"的要求时，他马上满口答应下来。

小成回到后仓沟村的家里，几个月过去了，他的脑瓜里，依然闪现着矿
区宣传栏上难忘的画面：那群了不起的煤矿工人的画像，家乡微山湖一望无

际的芦苇荡，成群的野鸭翠鸟，如同鲜花与朝霞共舞的仙境……小成最喜欢用烧焦的木柴棍儿，在石板上画鸡犬牛羊，画树木花草，画鸟鱼昆虫，画星星，画月亮，画自家小院里的茅屋、石磨、梧桐、扁担、水桶、丝瓜和葡萄，画他爱的一切。

在上海市市政公司工作的舅舅王学智，听说外甥小成喜欢画画但缺少铅笔，一下子购买了数十支铅笔寄到后仓沟村，这些铅笔有粗有细，有硬有软，还有彩色的铅笔……收到铅笔，小成高兴得一下子跳起来，手舞足蹈，拿着这些铅笔一直舍不得放下。

矿区的宣传画触发了小成对绘画艺术的兴趣，也使得他童年沉闷的生活变得不那么枯燥无味。

张成泽开始习书学画，于稚趣童兴中显露出颖异的艺术禀赋。张敬才和妻子王学兰看着小成一天天长大，那脾气秉性、言行举止实在是与一般的小孩子不同，好似圈不住的马、笼不住的鹰，为学习画画恨不得长出三头六臂。

小成的家离村庄东南角的后仓沟学校很近。学校里的王亭祥老师办了一个书画兴趣班，上课的学生不分年龄大小，小学一至六年级各个年级的书画爱好者都可以参加。王老师开班教授学生泥塑、画画、书法，画画用铅笔、蜡笔，画纸是 16 开的白连纸。

这一天，书画兴趣班忽然钻进来一位幼小的书画爱好者。他一手拿铅笔，一手拿画本，老老实实地站在教室课桌的最后一排，静静地听王亭祥老师讲课。讲台上的王亭祥老师一眼就发现了这名外来者，直接走过来问道："你是干什么的？叫什么名字？是哪个庄的？"

"我是来学画画的，叫张成泽，家就在后仓沟村前街。"

"你多大啦？喜欢画画吗？"

"我今年 8 岁啦，非常喜欢画画。王老师，我在这里学习画画行吗？"

"学习画画当然行，但不是现在，等你上学后再来学吧。这个教室太小了，里面的人满满的，坐不下。"

"那好吧，屋里坐不下，我就在教室外边听课。"

从此，书画兴趣班门外多了一名"编外生"。小成经常在门外听课，人家别的同学都有凳子，有课桌，他没有。炎热的夏季，小成不怕太阳晒；寒冷的冬天，小成不怕北风吹。王亭祥老师看了心疼不已，教室里一旦空出座位，就让小成进屋去听讲。第二年，张成泽上小学以后如愿进入王亭祥老师的书画兴趣班学习。

春风风人，夏雨雨人。书画兴趣班是课余的，正常上课时间王亭祥老师教学语文和数学。学校放学后，他再给孩子们上一节画画课，星期天和节假日照常上课。有几个村庄离学校有四五里地。离学校远的、家里农活忙的孩子，星期天就不去上书画课了。但张成泽风雨无阻，每节课必上，坚持跟着王老师学画圆，学拉线，学色彩，学晕染，学写生。王老师带着同学们去生产队的庄稼地，画玉米棒子，画玉米的花絮、植株、叶子。张成泽原来画的玉米叶子都是直溜的。王老师说："这样画不行，玉米叶子必须要有反转，要有阴影，要表现出透视的立体感。"张成泽当即按照老师的要求修改，果然有很大改进。陶醉于浓郁中华优秀传统文化的少年张成泽，对书画的情结愈来愈浓，从一笔一画扎扎实实练起，练就了一身不错的"童子功"。

王亭祥老师治学严谨，授课认真仔细，对学生指导具体详细且富有耐心。他不仅教孩子们如何画画，还教他们怎样做人。所以，王亭祥老师平时的言语虽然不多，但同学们个个敬他，也人人爱他。敬的是王亭祥的师道尊严，爱的是王亭祥的高贵人格。小成在人生第一位绘画启蒙老师王亭祥的热心指导下，经过反复练习，他的铅笔线慢慢地画直了，物象渐渐画出了个样子。虽说王亭祥老师教授的绘画知识简单了一些，但是教会了张成泽基本的绘画技法，包括上色涂彩，以及画水彩画和蜡笔画。画来画去，张成泽逐渐明白，铅笔可以竖着拿，也可以侧着用，画笔也是如此。这样一来，他画的线条渐渐粗壮美观起来，潜在于身的艺术彩虹开始在张成泽身上熠熠生辉。

拜师哪怕山高路远

山高水长有时尽，唯有师恩日月长。

上天虽然没有让张成泽投身于金门绣户，却赋予他一双寻找美的眼睛。自幼迷上画画的张成泽，心摹手追，依葫芦画瓢，照猫画虎，画啥像啥，颇有心得。为画好蝈蝈，张成泽专门捕捉了一只蝈蝈成虫，用缝衣针把它钉在硬纸壳上，仔细观察。蝈蝈，翠绿色，体形粗壮，身体呈扁形，触角长于身体，头大齿利，复眼两只，六条腿的跗节有垫，后腿较长，背上有两片鞍子样的背板，每片鞍子中间都有一个小镜片，镜片上下叠加，互相摩擦发出清脆悦耳的声响。

张成泽照着蝈蝈的样子，竟然画得活灵活现，纤毫毕现。之后张成泽画遍了家中小菜园里的茄子、辣椒、黄瓜和西红柿，画遍了生产队里的谷子、高粱、玉米和小麦，偶尔也画天上飞的鸟儿、水里游的鱼虾、地上跑的走兽……看到这么小的孩子那盈尺高的画作，周围的人无不为之惊讶与赞叹。

"名师出高徒，既然孩子这么有出息，何不找一位名师给他指点一番呢？"后仓沟村的一位老先生，适时给张家人提出自己的建议。

一语惊醒梦中人。是啊，启蒙老师王亭祥虽然尽心尽责教孩子画画，但毕竟不是专业画家，绘画水平有限，要想让孩子画画水平有大的提高和突破，需要给孩子找一位名师。

张敬才正为此事犯愁，没想到自己的工友李玉坦自告奋勇地说："师傅不用愁，我认识一位著名画家，他是临沂教育学院美术系副教授王小古，他的宿舍离我老家不远，有机会我带孩子去拜访他。如果王小古副教授同意的话，就可以拜他为师。"张敬才一听顿时眉开眼笑，连连称谢："好啊，有机会你带着成泽去见见王先生，请他给指点一下。"李玉坦当即答应。

王小古老师在山东美术界影响很大，他的花鸟画形神兼备，雅俗共赏，有雄浑奇崛、苍古高华、飘逸秀韵的独特风格，有极为深厚的传统功力。诗、书、画、印融为一体，具有精湛的笔墨情趣和新意。王小古老师不仅擅长画花鸟草虫，偶尔也画人物和山水。他最擅长画牡丹花，是我国近代画牡丹的高手之一。他注重写生，为画好牡丹曾七次去牡丹之都——菏泽，多次去玫瑰之乡——平阴。他的作品技法全面，无论是工笔画还是写意画在他笔下都显现出一种高雅之气。他画过一张齐白石像挂在画室，以表示对齐老的崇拜和敬仰。他年轻时已成名，始终痴心于艺术创作。王小古先生的书法篆刻也很精湛，书法他从临摹王羲之、颜真卿入手，后学《张猛龙碑》，他的篆刻师承"西泠八家"。他的绘画理论已写成《花鸟技法十三讲》以及《中国历代绘画题记》。他一生写过许多诗，并有《王小古诗五百首》出版。他在画上题诗，借物咏怀，托物言志。诗与画珠联璧合，相得益彰。

何其有幸，春风化雨，得遇良师。马上要见到著名画家，张成泽高兴得一夜没睡好。他整理了自己满意的十几幅画作，整整齐齐地放在小包袱里，准备让王小古先生给予点评。

从后仓沟村到临沂，有350多里路，路途遥远，途经沂蒙山区的崇山峻岭，跨越波浪翻滚的滔滔沂河，20世纪50年代的道路狭窄且崎岖不平，交通不便。但是，为了拜师学艺，张成泽感觉这一切困难都不是事。学校放麦假的时候，李玉坦骑着自行车驮着张成泽，跑了20多里地，先到八一煤矿的汽车站点，存放了自行车，二人乘上一辆开往临沂的中巴长途客车。汽车在山路上颠簸了6个多小时才到达临沂。天色渐晚，张成泽先住在李玉坦家，决定第二天去拜访王小古先生。

第二天上午，李玉坦领着张成泽穿过三条街去拜见王小古先生。小孩子

王小古先生

第一次进城，第一次见到如此宽阔的马路，张成泽的眼睛看不过来了：整齐的街道，高高的楼房，密集的人群，来来往往的车辆如同奔腾不息的河流。马上就要见到大画家了！此时此刻，他的小心脏激动得怦怦直跳，怀里紧紧地揣着一摞画稿。

这是一套两间的简陋住房。听到敲门声，前来开门的是王小古先生。张成泽看见王先生高高瘦削的身躯，穿着一身旧中山装，两个鼓鼓囊囊的口袋露在衣服外面，宽阔的前额，明亮的眼睛，隆正的鼻梁，一副威严的表情，心里不禁肃然起敬。

见到来客，王小古先生微微一笑，客气地问好，郑重地表示欢迎，并给二位分别倒上一杯热水。屋里最显眼的是一张画案，摆在里间小屋的窗户前，画案上放着文房四宝，以及没完成的画作。墙上挂着王先生的三幅代表作：《牡丹》《玫瑰》《仙鹤》。工笔画与写意画，各臻其妙。写意画用笔纵恣，精妙绝伦。他的工笔画也和他的写意画一样，形神兼备，气韵生动。难怪王小古先生应邀为北京人民大会堂作画四十一幅呢！1979年，王小古先生为北京人民大会堂作巨幅画作《国色天香》，表达了对祖国的衷心祝福。迎面墙上的这三幅画作，正是王小古先生近期创作的成果。

大概是熟人的关系，李玉坦见了王小古先生就直接说："王老师，你看，这孩子喜欢画画。您画得这么好，请您指点指点。"

"这是你的孩子吗？"

"不是我的孩子，这是我师傅的孩子。他老家是滕县南沙河公社后仓沟村的，我们跑了350多里路，特意从滕县赶过来向您请教的。"

"哎哟，这么老远跑过来见我。"王小古先生感到很惊奇，也很感动。

张成泽连忙说："我不怕远，就怕见不到老师。我很喜欢画画，今年9岁啦，现在画不好，就是在纸上胡涂乱抹。"他一边说着，一边把自己画的一摞画稿拿出来给王小古先生看。

王小古先生拿过张成泽的铅笔画和蜡笔画，一张一张地仔细看过，惊讶地说："这么小的孩子，能画成这个样子，很不容易。你看，这线条拉得很像样，还很美，很有力度，也很有看头。这孩子有绘画天赋，好好画，将来会大有出息的。"接着，王小古先生用手指着墙上的《牡丹》问张成泽："你喜欢这样的画吗？"

"太喜欢了。李叔叔说您画得好，您是大画家，请您教教我。"

"好啊，可惜咱们的家离得远了一点，好几百里地呢。如果离得近的话，你可以经常来我家。我可以随时给你指点指点。下面，我开始画画，边画边讲，你有什么不懂的可以问我。"

张成泽连连点头，睁大眼睛，洗耳恭听。那时候，他年龄小，还不知道怎样拜师。按说，拜师应该跪下，给老师磕头，再奉上茶水。虽然没有正式行拜师礼，但是张成泽心里早已把王小古先生当成了自己的老师。

这时候，王小古先生画室里还坐着一位客人，大家一起看王小古先生作画。看来，那位客人就等着拿王小古先生的新作。王小古先生画的是一幅《天外群桃献寿来》，尺幅不大，也就是四尺三开。这幅画上有七个桃子，构图是按照三二一的图式，即在三个点位上分别放着三个桃子、两个桃子、一个桃子，呈不等边三角形造型。

在张成泽固有的印象中，画的桃子应该越多越好。于是，他口无遮拦地说："老师，这里有个空，再在这边画一个不好吗？"

王小古先生笑着说："小朋友，你这就不懂了，如果再加一个就平行了，失去了应有的美感。"

张成泽问："老师，您没有看着桃子，怎么画得这么像？怎么画出这么好看的桃子？"

"好孩子，这个问题问得好。我们画画就要在平时多看，多画，多练，眼里有桃，心里有桃，手上才能画好桃。孩子，你知道我为什么能画好牡丹吗？"张成泽当即摇摇头，表示不知道。

王小古先生告诉张成泽，他经常深入观察大自然，曾七下曹州，为花王传神写照。他能默画200余种牡丹而无雷同。王小古先生不仅善于表现物象的外部形态和特征，更注重表达它的神情、气韵，赋予它更深的内涵。人们常说，观赏王小古先生的画，除了视觉上赏心悦目之外，更重要的是品味他所赋予画面的炽热感情和深邃的意境。王小古先生的画，就像一篇篇充满哲理的抒情散文，不仅让人得到美的享受，还能从中受到启迪、得到感悟，增强对社会对人生的理解，充分体现出一位绘画大家娴熟的绘画技巧和高深的艺术修养。

不一会儿，《天外群桃献寿来》活生生地展现在张成泽的眼前。画作画好后，王小古先生还风趣地说："这是王母娘娘蟠桃园中结下的大仙桃。"而后他唰唰签上名，盖上章。墨干后，看着那位客人满心欢喜地拿走画，王小古先生顿时伤感地说："唉，拿画的高兴，画画的心疼。"

言犹未尽，王小古先生对张成泽说："你喜欢画画，志在丹青，这很好。有一点你要记住，画画不仅是画技法，将来你就会明白，中国画是画文化、画哲学、画思想，更是画人品。你现在需要学习的东西很多，尤其是要好好读书，好好学文化。"他还特意嘱咐李玉坦："你回去后，告诉孩子的家长，这孩子是个好苗子，一定要让这孩子多画，大量地画。只有画得多，才能掌握绘画技巧，才能出成绩。"说完，王小古先生拿出了自己的两支毛笔、一大卷宣纸送给张成泽："孩子，以后画画起稿用铅笔，画中国画要用毛笔在宣纸上画，这样才能发挥笔触、墨法、色彩的作用，画出神韵。"

王小古先生的这几句话，便确定了张成泽一生在绘画道路上的努力方向。这一天，注定是一个 9 岁少年的重要关口，因为从这天起，张成泽便打定主意好好学画，把一生都献给绘画艺术。

王小古先生早年先后就读于江苏灌云师范、苏州美术专科学校（现为南京艺术学院），离校后长期从事教育工作。在中华人民共和国成立后的几十年里，他把全部精力放在教书育人和艺术创作上。王小古先生在临沂教育学院（现为临沂大学）30 年的教学生涯中，培养了大批书画人才，其中有的已成为高校教授和颇有名气的书画家。他一生勤奋探讨、诲人不倦，常以"三更灯火五更鸡""业精于勤"自勉，同时也以这些道理来勖勉他的学生。因此，人们称他"画好，人也好"。王小古先生去世时年仅 67 岁，他当时已经调到了山东艺术学院，还没有来得及上班就不幸病逝，让人痛惜不已。王小古先生的事迹，使张成泽懂得了一个人只有勤奋学习，不断地追求，才能在绘画事业上有所建树。

说来话长，时间很短。王小古先生与张成泽二人聊天颇为投机，不知不觉半天就过去了，已经到了午饭时间。此时，王小古先生热情地挽留二人，说午饭已经准备好了。李玉坦谢绝说："王老师，很不好意思。我们初次来，耽误您大半天时间，给您添了这么多麻烦，我们却无法表达感激之情，就不在这里吃饭了。"说完，张成泽就跟着李玉坦叔叔恋恋不舍地和王小古先生告别。他回到家，把王小古老师给的宣纸裁成 16 开的小幅纸，与两支毛笔一起珍藏起来，久久舍不得使用。

从此，张成泽开始用毛笔在宣纸上画画。没有国画颜料，他就用毛笔蘸着水墨、水彩画，用宣纸画画就有了韵味。开始画的时候水分大了，洇了一大片，后来张成泽慢慢摸索，控制住水分，画出来就不再洇了。他之后很快学会了对物造型。他的绘画水平提升了一个新的档次和境界。对于这次拜见恩师王小古先生，张成泽多少年来始终念念不忘，一直把这次拜师作为自己艺术人生最重要的转折点。

嫩肩膀扛大梁

　　"天将降大任于是人也"，张成泽这位山东好男儿，身具豪爽之气，不管学校领导和老师交给他多么艰巨的任务，他都毫不推托、兢兢业业地完成。1968年夏天，15岁的少年张成泽做梦也没想到，南沙河公社画巨幅主席像的重轭过早地套在他稚嫩的双肩上。

　　学校放麦假的前一天上午，下课铃一响，语文老师郭富义郑重地对初中一年级学生张成泽说："麦假期间，我带着你出去。"张成泽问："干什么去？"郭富义老师说："我带着你去画画。公社领导下达了任务，有六块壁板需要画毛主席像。"

　　张成泽一听，心里敲起小鼓，自己只是在上小学的时候，跟着王亭祥老师学过水彩画，画人物也只是画一些写生或者线描。他担心地问："我从来没有画过油画，不知道行不行，能不能画好。"郭老师说："没关系，我也没有画过主席像。咱们边画边学，边学边画，我相信你一定能学会，也一定能画好。画主席像，这是公社领导统一安排的。我们要好好画，决不能辜负领导和广大群众的信任。"

　　郭富义老师早年画过油画，有一些绘画基础。他告诉张成泽，在研究确定绘画人选时，有人对一个15岁的少年能否担此重任表示怀疑，但公社主要领导说："全公社能找出比张成泽画得好的吗？"一听这话，疑者噤声。

　　张成泽听到这里，一种光荣感、责任感和使命感油然而生，全身的热血在沸腾，每个细胞都在呼喊"加油"。同时，他也知道，以深厚的感情赋予画面绚丽的色彩，让图像获得一种生命感，是艺术追求的最大价值。他当即拍着胸脯向郭富义老师表示决心："请老师放心，我一定好好学，好好画，只能画好决不能画坏，保证圆满完成任务！"

张成泽和郭富义要画的六幅主席像，分别是《毛主席去安源》《毛主席在陕北》《毛主席在抗大》《毛主席登上天安门》《毛主席和他的亲密战友》《毛主席和小八路》。这些画像高的六米，矮的四米，既有横幅，也有竖幅。

画壁画第一步就是搭架子，站在高高的架子上画。六米高的画像足有两层楼高，需要搭五层架子。先从上边画，架子再慢慢往下降，或者先从下边画，架子再慢慢往上升。师生二人搭不了架子，只好请社员群众帮忙。由于画面很大，拉不开视线，站得近了很难找准方位。为了保证造型准确，他们采用九宫格的画法，使色彩、明暗、凹凸关系全部达到与照片形象保持一致。

以前，张成泽曾跟着王亭祥老师学过水彩画调色的基本知识：蓝色和黄色混合变成绿色，红色和蓝色混合变成紫色……这是他第一次接触油彩，赤、橙、黄、绿、青、蓝、紫……各种颜色的油彩都有。油画与水彩画、水墨画的颜料虽说材质不同，但色相基本上是一样的。张成泽开始在郭富义老师的指导下画油画。先是郭富义老师调色，后来就是张成泽自己调色了。画壁画需要的油彩很多，一幅六米高的壁画，仅五百毫升一罐的油彩就用了近二十罐。那时候，在农村买不到油彩。这批油彩是公社领导派人专门跑到千里之外的大城市上海买来的。张成泽用的排笔有大有小，足有十几把，各有各的用处。像画头发、眼睛、眉毛等细部结构，就要用很小的排笔，也叫油画笔。张成泽善于中锋用笔，斜着滚着画出了最理想的画面效果。

眼睛是画像的关键，贵在有神，正所谓点睛之笔。画眼神有一定难度。开始画第一幅壁画的眼睛，张成泽没有把握，不敢画，先让郭富义老师来画，他站在旁边认真观察，反复琢磨，心摹手追，烂熟于心。画第二幅壁画的时候，他就敢画眼睛了。因为有照片，又有九宫格，张成泽已经画得完全符合要求，后忽有所悟，这正如古人所说，"传神写照，正在阿堵中"，眼睛画好了，绘之于墙的人物造型就真正变活了。

当然，张成泽发现画油画有个好处，能修改。即便画错了，也可以用油彩覆盖，无非是再涂抹一次。画壁画过程中，他经常会出错。因为调色盘是有限的，画面这么大，一次挤出的颜料不能太多，挤出的颜料太多，风一吹、太阳一晒就干了，每次只能挤出一点颜料，再配上其他颜料用稀料稀释后调匀再用。张成泽边学边画边提高。比如，画像人物穿的是墨蓝色上装，袖子迎阳光的那一块，要调一种淡颜色，后边的胳肢窝这一块的颜色需要变重、变暗一些。开始，张成泽没有注意，只用一种颜色就把胳膊全画出来了。郭富义老师看了以后说："画得太平了。"当时，张成泽还不明白"太平了"的意思，后来才知道，那就是颜色太一致了，应该通过调色区别迎光和背光，还要画出阴影，才能突出画面的立体感。

随着技巧的熟练掌握，他心有所悟：画像的重要部位要加倍小心。画衣服袖子，多一条线少一条线无所谓，但是画脸不能有一丝一毫的差错，尤其画腮部，每条线是深是浅，是明是暗，都需要特别注意。画手也是这样，哪个地方出筋，哪个地方有皱褶，手指甲盖出月牙的地方，都要画得精确无误。这样才能做到让画像传神，光彩照人。

张成泽画壁画的时候正值盛夏，天气酷热，长时间暴露在强烈阳光照射之下，这可不是一般人能够承受的，但是由于时间紧，任务重，肯定不能等天气变凉了再画。这对于一个少年来说，无疑是一项艰难的工程。站在地面上画的时候，张成泽还能戴着草帽，穿着长袖褂，但是架子一旦搭了三四层以后，风一吹架子摇摇晃晃，草帽吹掉了，长袖褂也穿不住了，只能穿着背心画。时间一长，太阳晒得张成泽的胳膊、腿以及背部起满水泡，后来大块脱皮，皮肤也由白转红而到黝黑。难怪他回到学校后，许多同学见了张成泽，无不惊讶地说："哎呀，你怎么这么黑了？"

如春蚕吐丝，如园丁浇花，张成泽用心血铺就了艺术的"丝绸之路"。画壁画多是朝东或者朝南，迎着阳光画画，强烈的阳光往往刺得眼睛很难睁开。看着反光的白色的面板，眼睛里直冒金星，只能眯缝着眼睛画，这是非常难受的。站在高高的架子上画，一次至少要站两个小时。很多时候，张成泽画完一部分后双腿麻木，走路都很困难。虽说他年龄小体力好，但是站的时间长了也无法忍受。站在架子上不像站在地面上稳当，风一吹颤颤悠悠，让人心惊肉跳。他不得不一直保持精神上的高度紧张，不敢有丝毫麻痹大意，否则很容易掉下去摔伤。但是回头一看自己画出的巨幅画像，心中也释然了。经过艰辛的跋涉，张成泽逐渐寻找到了走向成功的艺术小径。他感觉到幸福，艰苦孕育着快乐与甜蜜，画壁画亦是一次愉悦的体验和锻炼。

困难是高山，困难是险滩，困难也是纸老虎。任务愈艰巨，使命愈光荣，职责愈神圣。他自勉自励，自强奋发，以异乎寻常的耐力、精力和毅力在坚持，在努力，在拼搏。画壁画的地方离张成泽的家，远的七八里地，近的也有三四里地。每天早上，张成泽天不亮吃点东西就出发，带着几个煎饼，拿着几块咸菜，有时候母亲给煮两个鸡蛋，骑着一辆破自行车急匆匆地赶路。画的过程中，渴了喝点凉水，饿了吃些东西，然后接着画。他一直画到太阳落山，看不清了才回家。父母全力支持张成泽画壁画，经常鼓励他："孩子，好好学，好好画，一定画好壁画，不要给乡亲们丢脸。"有一次，父亲张敬才还拿出 5 元钱给张成泽，说："画完画，休息的时候，看看周围有没有卖吃的的地方，饿了买点东西吃。"

画一幅小点的壁画，师生两人开始要连续画六七天，后来慢慢地画得快了，画四五天即可以完成。大的画像就慢一些，尤其是六米高的画像，一直连续不断地画了十几天时间才画完。困难带给一个乐于承担的少年以深刻的思考，也是给予志在追求绘画艺术的初中生受益匪浅的福利。张成泽觉得这是在艺海行舟，他猛摇勤奋的桨橹，飞动意志的帆篷。

人生说到底是一种征服，即征服命运。其中包含着必然和偶然，命运总是把幸福的缰绳悄悄交给那些锲而不舍的跋涉者。经过七七四十九天的连续奋战，六幅毛主席像分别矗立在南沙河公社各个村头街首的壁板上。滕县有关领导在南沙河公社检查工作时，高度评价张成泽师生二人画的这六幅毛主席像，并当面予以鼓励和表扬。老百姓前来看画的摩肩接踵。有的是割完麦子以后到村口去看，有的是专门跑好几里地到公社驻地来看，无不竖起大拇指称赞张成泽师生画得好。他们怎么也没有想到画者这么小，多次问张成泽："小朋友，多大了？"张成泽说："15 岁了。""你这么小的年纪，就能画这么好，跟着哪个老师学的？""跟着王亭祥老师学的。"

当然，王亭祥老师并没有教过他油画，张成泽用水彩画过一些戏剧中的人物，他自己也没有想到能画毛主席像。此时此刻，张成泽才明白，只要掌握了人物造型的画法，不论是水彩、油画，还是水墨画，绘事的画理都是相通的。只要把握准了人物造型，调色、上色倒不是难事。但最难的就是人物的造型，只要抓住人物的动态和眼神，再加上熟练的技法就能获得成功。

"实际上我们绝大多数人，也都一定能比现实中的自己更伟大些，只是我们缺乏一种不懈努力的自信。"张成泽确信，能够把这些高难度的巨幅画像画出来，在困难面前挺过来，在今后的绘画事业中就没有过不去的火焰山了。

倘若说勤奋是打开艺术圣殿的钥匙，那么悟性则是艺术家御风高飞的翅膀。一个缺乏悟性的人，那是没有什么前途的。一个 15 岁的少年能够用稚嫩的肩膀扛起大梁，凭借的不仅仅是勤奋和努力，善于总结与感悟，也是他不断丰满自己的艺术翅羽，随时准备冲上邈远蓝天的支撑。

最寻常处不寻常

　　不寻常往往孕育在寻常之中，不平凡也往往来自平凡。中国人民解放军原济南军区装甲兵独立坦克第一修理营一连政治指导员查全合深谙此理，1972年11月，他到山东省滕县南沙河公社带新兵，就为的是从中发掘人才。比如，在很多人看来，一个地方的黑板报是很普通，很不起眼的，而查全合却不这样看。他认为，黑板报里有学问，黑板报中出人才，有事实为证——军营一些有作为的书画家无一不是从这里起步的。因此，求才若渴的查全合特别关注黑板报，力图通过黑板报发现人才，带回一个能写会画的新兵。

　　功夫不负有心人。这一天上午，身穿军装的查全合带着通信员走进南沙河中学调研，尽数浏览全校十几块黑板报之后，他好像忽然发现新大陆——有一块黑板报办得不同寻常，质量明显高于其他黑板报：主题鲜明，内容丰富多彩，图文并茂，文字优美流畅。整版篇幅的文字采用了行、草、隶、篆等不同字体，字体工整规范，气韵生动，符合章法，由此可见，书写者书法功底深厚；文中配有人物、花草以及飞禽等插图，空白的地方用花边装饰，其艺术性和吸引力自不待言，足见其绘画技法高超。

　　"请问，这块黑板报是谁办的？"查全合问迎面走来的同学。同学马上告诉他："这是高中毕业班张成泽同学办的，这几年都是他办黑板报，全校数他办得好。"闻听此言，查全合非常高兴，真的不虚此行。

　　张成泽的具体表现如何呢？他马上走访了张成泽所在班级的班主任孙晋宽老师、学校教导处主任和校长。这些领导和老师们众口一词，积极向部队推荐张成泽：张成泽这孩子忠厚诚实，能写会画，业余时间还热心参与播音室、文艺宣传队的活动。每次下课以后，张成泽都要及时跑到播音室播放音乐以及播报各种各样的广播稿。老师和同学都对他印象很好。张成泽在班里是副班长，在学校是宣传委员，思想品德高尚、政治表现积极、学习成绩优等、身体素质过硬，是个当兵的好料子。

张成泽办黑板报已经办了五年。他从初中一年级开始就办黑板报，是班里的黑板报组组长，一直到高中毕业。那时候，初中学制两年，高中学制也是两年。为什么说他已经办了五年黑板报？实际上，张成泽初中上了三年。原来，他上初中二年级的时候，手指上长了个疖子，不能拿笔，一写字就疼得受不了，结果就留级一年。因为张成泽临过帖，练过字又会画插图，所以他当仁不让地成为班级黑板报组的组长。

接着，查全合又到张成泽家所在的后仓沟村去走访。查全合询问一些村民："张成泽这个孩子怎么样？他的家庭和社会关系有问题吗？"出于对解放军的信任，父老乡亲都告诉他，张成泽一家是老实人家，他的家庭和社会关系都没有问题。他父亲张敬才在八一煤矿当工人，回家骑着自行车，下了枣滕公路，没到村口就推着车走，逢人便打招呼，一直推到家门口，诚恳热情。张成泽这孩子，字写得好，画画得好，逢年过节给父老乡亲写对联，经常扶老携幼做好事，是不可多得的好孩子。后来，张成泽开始画样板戏中的英雄人物——少剑波、阿庆嫂、杨子荣，等等。他将画的画册装在书包里，同学们看到以后，纷纷称赞："真不简单，还会画画。""画的这些人物真像、真好看。"张成泽的人物画一般是用铅笔慢慢地起稿，然后再用毛笔画下来。老师也感觉张成泽画得真不错，业余时间就让他出黑板报。班级的黑板报有两块，一块在室内，一块在室外的墙壁上，大约一周换一次。黑板报主要刊登国内外时事、班级的好人好事、学校的有关规定要求、同学们学习的心得等。每逢重大节日，张成泽还和同学们一起研究宣传内容，专门组织并约写稿件。为此，张成泽还专门买了《墙报图案》《美术字》等书，边学习边实践，使黑板报越办越好，不断给人以新鲜感和吸引力。查全合早年毕业于安徽大学，是老牌的大学生，见多识广，慧眼识金，人才一旦入了他的法眼，那就没跑。他决心把张成泽征召入伍。

"一人当兵，全家光荣。"高中毕业考试刚结束，张成泽的高中毕业证还没有拿到手的时候，1972年的征兵工作开始了。那时候，全社会形成了"当兵热"。谁家有个军人，谁有套军装，那都让人眼热。青年即便有双军鞋、有顶军帽都感觉很风光，也想在人前显摆一下。张成泽一得到征兵的消息就想报名参军，马上回家对母亲说了自己的想法。母亲王学兰说："行啊，等你父亲回家后商量商量。"张成泽说："不用商量，你同意就行，父亲不会有意见。"随后，他就跑到大队民兵连长家里，要求当兵。当时，当兵竞争特别激烈，适龄青年很多，当兵名额很少。民兵连长说："你有这个想法是好事，但是不一定去得了。"张成泽问："为什么？"民兵连长说："村里适龄青年太多，咱们后仓沟村太大，名额太少。"张成泽说："先报上名吧，我服从组织决定。"民兵连长就在登记表上写上了张成泽的名字。当时，由于前一年部队没有征兵，便将入伍年龄条件由18岁放宽到24岁，后仓沟村的适龄青年入伍可谓百里挑一。尽管张成泽高中毕业，19周岁，体检合格，完全符合入伍条件，但是他一直忐忑不安，老是担心去不了。他的担心不是没有原因的，如果单凭村里研究决定的话，他绝对没有当兵的可能，因为后仓沟村张家是单门独户，其余大多数都是王姓人家。别说领导研究决定，即便是群众投票也没有张成泽的事儿。其实，大家都不知道，坦克修理营领导获得查全合的调研信息后，认为张成泽是部队需要的人才，尽管名额有限，但还是为他积极争取了。

1972年11月26日，是张成泽一生中最难忘的日子。这一天他拿到了红色的入伍通知书。接到入伍通知书后，全家人都很高兴。

12月8日，新兵到县委党校集合。天还没亮，张成泽吃完母亲煮好的水饺，直奔南沙河公社，110名新兵胸戴大红花走出公社大门时，彩旗飘飘，锣鼓喧

滕县南沙河中学高中七一·二班毕业照（本班六名同学光荣入伍）

天，鞭炮齐鸣！早在道路两旁列队欢送的公社机关人员和群众一起鼓起了掌，在 200 多米的欢送队伍里他们走了很长时间。他们不停地握手，听到了诸多良好的祝愿和亲切的嘱咐。"好好干，早把立功喜报寄回家！"张成泽心里充满了光荣、兴奋和激动之情。

此时此刻，张成泽的老父亲心里却是五味杂陈。张敬才知道儿子这一天要参军入伍。等他上完夜班赶回家时，家里已经空无一人。母亲王学兰带着张成泽的弟弟和妹妹，锁上家门直接到滕县县城参加欢送队伍了。张敬才心里既高兴又惆怅，竟然把一瓶高粱酒喝得光光的。当王学兰带着孩子们欢送完新兵回到家时，发现一家之主醉卧中堂。后来，张敬才对家人解释醉酒的原因："看到孩子当兵，想起了家庭的一些往事。" 3 岁时，自己被过继给了叔叔婶婶，跟着婶婶生活；叔叔早年去当了一战华工，几十年杳无音信；亲生父亲是铁匠，因给抗日队伍做大刀、修枪械，在台儿庄战役中被日本鬼子抓去活活打死；母亲带着哥哥张贻祥回了娘家，亲兄弟也捞不着见一面；如今自己的孩子刚刚长大，又参军走了，不知几时才能见上一面……张敬才心里想得很多，无法排解，就开始喝闷酒。开始因为儿子参军喝得比较高兴，但说好的亲自送儿参军，却言而无信，很遗憾也很愧疚，只能借酒消愁。

事后，张成泽闻讯父亲醉酒的这段插曲，心里非常难过。两个爷爷一个死于日本人之手，一个被欧洲列强所害。现在，自己成为军人，就要献身国防事业，为强国强军奉献自己的力量，再也不能让千千万万中国人民的悲惨家史重演。

闷罐车喘息着，载着一群热血青年从滕县驶向济南的一座绿色军营。

这年冬天，滕县一共有 155 名新兵入伍，其中南沙河公社 110 名，羊庄公社 45 名。当时，新兵中高中毕业生所占比例仅为 15%，其余的则为初中及以下文化程度。列车上，新兵们都有说不出的光荣和兴奋之情，欢声笑语满车厢。第二天早上，火车慢慢腾腾地开到了济南党家庄火车站。新兵们下火车列队时天还没有亮，他们又步行走了三里路，进了营房，天刚蒙蒙亮。

营区环境优美，有砖瓦房，有球场，有游泳池，有绿油油的松柏树、白杨掩映着高大而神秘的坦克修理车间，一种神圣而庄严的使命感在张成泽心里油然而生。他穿着崭新的绿军装，在军营中独自漫步，心中描绘着一幅美丽的图画，立下了干一番事业的宏图大志。

《武装泅渡》亮相军营

　　向科学文化进军的号角已经吹响，和煦的育才春风吹遍军营。当知识与人才得到尊重的时候，张成泽才真正明白了为什么说军队是个大学校，自己的眼前仿佛有一条充分发挥个人才华的平坦大道。查全合在张成泽家乡经过详细的调查了解，最后充分认可了这名新兵的人品和能力。因此，一个多月的新兵训练一结束，查全合当即建议领导将张成泽分配到修理一连担任文书兼军械员。

　　严格的军营生活，繁忙的公差勤务，丝毫没有泯灭张成泽钟情书画的天性。当文书有机会接触更多的藏书，在这里，他读到了徐悲鸿、齐白石、钱松岩，也浏览了苏俄的伊里亚·叶菲莫维奇·列宾、瓦西里·伊万诺维奇·苏里科夫、瓦连京·谢洛夫……所发的津贴，他几乎都购买了绘画用品，不停地写，不停地画。时间不长，军营"小画家"的名声就不胫而走。

　　坦克修理营有一个游泳池，游泳池长 50 米，宽 25 米，可同时布置 8 个赛道，游泳池周边是高高的石头围墙。水池已清洗完毕，晾干就该注水了。1973 年7 月，一连新任指导员陈培寅对张成泽说："咱们营游泳池清理好了，营领导通知让你去美化布置一下。"张成泽说："好。"他二话没说就愉快地接受了领导交给的任务。他看到游泳池打扫得非常干净，只是围墙上的标语已经脱漆，心中暗想：在游泳池的围墙上，最好的美化应该是画一幅巨幅壁画，只写标语显得单调，缺少美感。

　　"才饮长沙水，又食武昌鱼。万里长江横渡，极目楚天舒。不管风吹浪打，胜似闲庭信步……"毛主席的词《水调歌头·游泳》给张成泽带来了创作灵感。那一年,毛主席再次畅游长江后,全国掀起了游泳热潮,军人自当率先垂范。官兵游泳技术都不错,部队经常组织武装泅渡。张成泽想,如果创作一幅武装泅渡的画面,既符合上级要求,又能激励官兵练好游泳的热情,那该多好啊!于是,他把自己的构想汇报给陈指导员,得到了营连两级领导的充分肯定:"这个想法不错,一定要画好!"

这幅画是他奉献给军营的第一幅个人作品,当然需要仔细谋划,精心绘制,一定要拿出最好的画作献给部队官兵。构图时,他看到,西面围墙长40多米,正中间有一块水泥平面,长6米,高1.5米,正对东面的大门,也是游泳上岸的地方。如果壁画画小了,那就不够协调和醒目。所以,最后确定壁画就在这块平面上进行创作。壁画内容是群组形象,画一个人显得单调,应该画上一群劈波斩浪冲锋的战士形象。

他在连部办公室连夜起稿,先在白连纸上画《武装泅渡》的草稿:一条大河里,在最前边的是一位全副武装的先锋,劈波斩浪,挥着手,背着枪,一马当先,所向披靡;身后紧跟着一群战士,像下山猛虎、水中蛟龙,展现出群情激昂的斗志和"一不怕苦二不怕死"的革命精神。这组人物的造型难度极高,因为是在大河里,有远景和近景之分,也有特写和从属的区别,还有顺光和逆光的反衬。画面中,每个人的眼神由于视角和视距不同,必须用不同的线条勾勒,用不同色彩渲染。

造型艺术的最高要求,不外是以形写神、形神合一,以达到物象个性与画者胸臆的有机统一。有了起稿,张成泽接着跑到营器材库,领了红、黄、绿、青、蓝、紫、白等各种油漆,找了一些老兵退伍时扔掉的瓶子、盆子、缸子和饭碗作为调色盘。调色、打格子,开始画《武装泅渡》。既然是自己的创作,画《武装泅渡》就没有任何参照,经过艰辛的跋涉,他寻找到了成功的窍门,用油漆掺上橡胶水,调出了随心所欲的各种颜色。

面对围墙素壁,张成泽屏神凝思良久,蓦地,操起一支大排笔,蘸上油漆,奋笔挥毫，如灯取影，无所挂碍，转瞬之间，武装泅渡的勇士形象跃然墙上。而后又拿起一支小油画笔，画出了点睛之笔。此刻，世界上的一切都不复存在，唯有心中的艺术王国。点与面、动与静、象内与象外实现了完美的结合，是一次真正的艺术创造。张成泽画这幅壁画的时候，天很热，太阳暴晒。他眯缝着眼睛画，脸上挂满了汗珠子，全身都湿透了。经过艰难的美的跋涉，壁画《武装泅渡》终于收工，画中每个人物形象无不活灵活现，形神毕现，给人以美的享受。

张成泽作画过程中，坦克修理营营部的参谋李蔡祥、干事周振益二人正站在他的身后，他们越欣赏越感到震撼，没想到一个入伍半年的小兵，竟然有如此才华，创作出如此美好的壁画作品。于是，他们用120照相机记录下了张成泽作画的瞬间。

半个世纪过去，当我们欣赏这张照片时，依然可以感受到张成泽作画时那种认真专注的精神状态。这幅照片抓拍得不错，选取的角度、用光都很准确，画面也富有动感。遗憾的是，照片只拍了壁画的前边一部分画面，看不到后边的画面。当时，张成泽是一名新兵，根本没有想到要拍一张壁画的完整照片，以便留存他壁画艺术的有关资料。

张成泽创作《武装泅渡》

壁画《武装泅渡》是张成泽亮相军营的处女作。三天后，漆画干了，游泳池接着便开放了。坦克修理营露天游泳池使用效率很高，包括坦克乘员训练团、原济南军区军医学校、第106医院等单位的官兵，都到这个游泳池游泳。游泳训练搞得热火朝天。坦克修理营经常组织游泳对抗赛，一连、二连、三连、营直，各单位派八到十名官兵运动员，按照赛道进行比赛。很多官兵看了壁画很受激励，都说一定要好好游泳，练好本领，提高身体素质，增强意志品质。面对这幅壁画照片，张成泽感慨良多。他谦虚地说："按照油漆画的绘画规律以及作画的艺术标准来衡量，这幅壁画画得不是多么好，也不是多么精致，本身还存在不少缺陷。但在当时我感觉非常自豪，因为这是自己创作的第一幅作品。"坦克修理营一连的官兵都知道是张成泽画的，他们自豪地对别的连队官兵说："我们一连出了一位书画家！"

张成泽的绘画与书法作品发表在军营的角角落落。其间，张成泽常利用节假日请著名书法家张立朝先生指导书法习作，张立朝老师给予了他悉心教诲和关键性指导。

别梦依稀咒逝川故园三十二年前红旗卷起农奴戟黑手高悬霸主鞭为有牺牲多壮志敢教日月换新天喜看稻菽千重浪遍地英雄下夕烟

敬录毛泽东同志诗 成泽

张成泽书法作品

张立朝是著名书法家，1914 年生于济南历城县唐王镇张家圈村。1937 年，在济南做店员，以写牌匾谋生，曾在家乡教私塾。他的书法讲究章法布局，注重全幅协调，呼应贯气。楷书笔力雄健，结构严谨，古朴而浑厚；行草行笔流畅，神盈力足，给人以雄健凌空之感。张立朝不但善于楷书，而且善于行草书，他的草书笔走龙蛇，纸生烟云，外表飘逸，内涵倔强，纯任自然，没有一点风尘气。在张立朝先生的亲自指导下，张成泽的书法技艺突飞猛进，黑板报、会标上留下过张成泽不少墨迹，他还为战友画了多幅训练及生活的速写。游泳池周围高墙上的标语"提高警惕，保卫祖国""团结、紧张、严肃、活泼"，队球场边上的标语"发展体育运动，增强人民体质"，都是张成泽用白色油漆书写的。标语"发展体育运动，增强人民体质"原来是准备放在营部灯光球场的，后来放在了一连的篮球场边上。这是张成泽用毛笔草书写的繁体字。没想到，营长张文清对张成泽说："换成简体字，好多人不认识繁体字，起不到教育作用。"因此，张成泽又在营部灯光球场用简体字写了另外一幅标语"友谊第一，比赛第二"。在坦克修理车间的墙壁上，也有张成泽用红色油漆写的"精心操作、安全生产、保证质量、争优创先"等大幅标语，激励官兵努力完成好各项生产任务。

军营"小书画家"的名声在外，张成泽可成了大忙人。原济南军区装甲兵坦克大修厂筹建时，没有教材，缺少人员，技术骨干是从各个单位临时抽调而来的。这时候，坦克大修厂领导主动找上门来，请张成泽帮助刻印教材。

多年的生活磨砺铸就了张成泽坚忍的性格：凡事不干则已，干就要干出个名堂。刻印不比学画画，画可搬而印不可搬，画可临摹而印必须独创。因为刻印教材由文字组成，必须熟悉并掌握种种规律，尤其是有关文字的书写、印刷规律，等等。一本教材几万字，甚至十几万字，刻印一本教材，就需要熬夜加班，往往几个昼夜不能休息。张成泽负责刻钢板，手指上都磨出了厚厚的茧子。他刻的钢板不用同一种字体，有时候为了活跃版面，还经常加上兰草、花鸟、花边，等等。

坦克大修厂岳厂长来到修理营一连，看了张成泽刻的钢板，给予很高的评价："你这个小战士真不简单，竟然刻出好几种字体，刻得这么好，还这么快。"当然，张成泽刻钢板多数刻的是宋体字，因为钢板上是横竖纹，写起来相对容易，有时也用行书体，行书体的书写比较费力，难度相对高一些。连队卫生员乔宝菊拿着油滚子蘸着油墨一张张地印。那时候，张成泽是新兵，用他的话来说，就是"年轻，只知道拼命干，也不知道累得慌"。张成泽连续刻印了三个多月，五大本、数十万字的坦克修理教材新鲜出炉，印刷了几百套，及时满足了坦克大修厂培训技术骨干的教学需求。最后，坦克大修厂岳厂长、张政委亲自登门感谢这位新兵"小书画家"，感谢他用心血和汗水浇灌出了丰硕成果。同时，张成泽还给军区装甲兵干部教导队刻了不少学习资料、领导讲话……刻钢板间隙，张成泽也刻一些"人民装甲兵"的字样，印在战友们的背心上、挎包上。

他辛苦并快乐着，眼前只有五彩缤纷，因为他的耳畔不时鸣响恩师王小古先生"大量地写，大量地画"的谆谆教诲。所以，他把这一切付出，都当作艺术追求的一步步阶梯，点滴积累，不断收获，持续不懈地向上攀登，朝着那绚丽的彩虹。

距离炸点一拃远

　　平时，文书张成泽是个闲不住的人。正课时间，连队官兵都到加工车间工作，他觉得自己不能只蹲在办公室，有时间就在全连转悠，慢慢学习，逐步了解连队的全面情况。从开始办黑板报，到往营部投稿，接转电话，下通知，拿报纸，去炊事班帮厨搞卫生，主动下车间，去各个班、各个排和大家谈心，以便掌握连队第一手资料，当好连长的小参谋。半年和年终时，他起草连队工作总结报告，能准确地归纳出连队的主要成绩，找出主要问题，总结出一系列的经验和教训，写完后交给连长、指导员审查通过，再进行修改后定稿并在连队总结。"响鼓不用重槌，这个文书用着得心应手，能顶半个指导员啊！"连长、指导员碰头时得出一致的结论，夸起张成泽来简直是不吝其词。

　　1973 年 3 月，上级通知坦克修理营一连要进行手榴弹实弹投掷训练。投弹训练场在营房北墙外西北山下一块空地上，地里还有满满的玉米茬子。训练前，张成泽带着四名战士分别挖了两个掩体。连长在左首掩体，负责全盘投弹指挥。张成泽在右首掩体，记录投弹手的姓名、投弹米数以及开箱取弹。手榴弹箱摞在掩体的后方，张成泽一手拿着一面小红旗指挥投弹，一手拿着连队的花名册进行记录。

　　早春，寒意未退。这天上午投弹之前，连长进行了简单的动员："同志们，今天的训练科目是投手榴弹实弹训练，不是扔鞭炮，务必要精力集中，精神饱满，注意安全。大家知道，我们近几年没有进行过投手榴弹实弹训练，大家对投弹的要领不太了解，一些老兵可能了解得更多一些。所以，我们要加倍注意掌握投弹要领。"接着，他进一步重申了投弹要领。比如，投手榴弹怎样助跑，助跑距离要多长，投弹时怎么发力，弹道抛物线如何把握，等等。连长讲得比较全面，也比较具体。

动员完毕，投弹开始。一排官兵手榴弹投掷比较顺利，投掷训练结束后，集合队伍带出了训练场。

接着，二排的队伍带过来了。二排的前几名战士也投得很好。这时候，二排排长一挥手，二排队伍中走出一名战士。

他领到手榴弹后，拧开手榴弹盖，把拉绳环套在手指上，只见他不助跑，拿着手榴弹抡着胳膊转车轮，转了三四圈后手榴弹出手了。没想到，拉了弦的手榴弹狠狠地砸在了自己脚下！手榴弹噗噗地冒着白烟，在地上急速地旋转着，滚动着。张成泽一看大事不好，朝着他高喊一声："下掩体！"左面掩体里的连长也大声喊道："快下掩体！"

此时，这名战士吓晕了，脑子里一片空白，愣在那里不知怎么办才好，腿就像灌了铅一样定在了地上，一动不动。此刻，他已不知所措，仍呆呆地站在原地。这名战士站着的位置距离张成泽不到一米远。在这种情况下，张成泽没有多想，明知道冲上去会有生命危险，但是为了救战友，他什么也顾不得了。

说时迟，那时快。张成泽右手按住掩体一侧的前沿，脚蹬住掩体另一侧，嗖地一下跳出掩体，一把抓住了这名战士的上衣，竭尽全力把他拽进掩体，随之压在了他身上，右手还按住他的脖颈。这名战士下落的过程中，已经砸伤了张成泽的左手背。与此同时，手榴弹轰的一声爆炸了，弹片瞬间射向四方，大块的土渣落满了他们全身。

"成泽，你们没事吧？"连长特别担心，探出身子问。张成泽抬起头，龇着牙笑着说："报告连长，没事！"连长当即表扬说："不错，文书挺勇敢！"这名战士真的吓坏了，趴在那里面色苍白。这时候，卫生员背着药箱急急忙忙地奔跑过来，他后面跟来一大群心情焦急的战友。大家一看化险为夷，心里的一块石头终于落了地。

事后，张成泽伸手一量，手榴弹爆炸的地点距离掩体边缘不足一拃远。一拃的长度是多远？张开大拇指和中指，两端的距离为"一拃"，长约五寸，一般为 20 厘米左右。20 厘米，可以称为命悬一线的生死距离！眼看着这关乎生死的"一拃远"，生死一线间，他心中不禁产生了一种庆幸不已的感觉。

战友安然无恙，一次重大的伤亡事故被避免了。

挥一挥衣袖深藏功与名。危急关头，张成泽以舍生忘死的英雄行为画出了人生最美的壮丽瞬间。张成泽收拾好剩下的手榴弹，和大家一起扛着手榴弹箱子，怀着不平静的心情列队回营。

张成泽不要领导记功，不要战友报答，但是被救的战友却永远不会忘记他的救命之恩。年底老兵退伍的时候，这名战士特意找到张成泽说："老战友，多谢您的救命之恩……"一口气说了很多感激不尽的话。这些话，弄得张成泽很不好意思，连忙说："老战友，你千万不要这么说，这都是我应该做的，谁在现场都会这样做。"

书如其人，画如其人。其画品人品早为原济南军区装甲兵很多人所激赏，但是看到战友们对张成泽这般纫佩叹服，实为笔者所料不及。

绘画者是美丽的，学习者是美丽的，思想者是美丽的，追求革命信仰者也是美丽的。连队的共产党员吃苦在前，享受在后，在各项工作中处处发挥先锋模范作用，这让张成泽衷心钦佩，他决心照着党员的样子学，跟着党员的脚步走。1975 年 3 月，张成泽郑重地向党组织递交了入党申请书。他平时虚心向老同志请教，在连队经常做好人好事，积极参加连队的各项活动，并积极向党组织靠拢。张成泽在实践中认识到，中国共产党是伟大的党，其宗旨是全心全意为人民服务。张成泽志愿加入中国共产党，要为实现共产主义奋斗终生，永远不变心，绝不叛党！

鉴于张成泽的积极表现，1975 年 9 月中旬的一次党小组会议上，连队技师赵春林、班长曹庆礼二位同志介绍张成泽入党，全体党员就发展张成泽入党问题展开了热烈讨论。大家发言热烈，充分肯定了入党积极分子张成泽同志的主要成绩。通过讨论，全小组 14 名党员举手表决，一致通过了张成泽同志的入党申请，并报连队党支部、营党委批准。

巧绘车床图

时间过得真快。张成泽在文书的岗位上已经风风火火地干了一年零八个月。1974 年 8 月 1 日，指导员找张成泽谈话。

"你文书工作干得不错，和战友们的关系都处得很好，我们连队领导觉得，你还是需要到车间去学点技术，对你以后的发展进步有好处。"

"好啊，既然到坦克修理分队当兵，有这么好的学习技术的条件，如果不掌握一门技术，那就会留下终生遗憾。"

"不知道你想干什么工种，连队有十几个工种，由你挑选。"

"请组织安排，我服从组织分配。"

"车工是个大工种，掌握了车工技术，再学其他技术就不难了。"

"好啊，我就干车工吧。"

连队的技术情况包括车工这个工种张成泽都了解。世界上的很多工作都如同作画一般。张成泽充分发挥主观能动性，在进行主体性创作中展示其灼灼才华。干车工，首先要会识图用图。张成泽上高中的时候学过机械制图，再加上他有绘画基础，一拿过图纸，打眼一看，主视图、俯视图，脑子里立即出现这个部件的样子，区别无非是尺寸长短、大小的问题，这也得益于他长期培养的绘画意识、形象思维。因此，张成泽的学习效率非常高，车工技术突飞猛进。到了车间，张成泽跟着副班长陈同友学开苏式 C20 车床。陈同友 1970 年入伍，长得清瘦，个子高高的，篮球打得好，车工技术全连一流，待人和蔼可亲，诚恳谦虚。他耐心地给张成泽介绍怎样掌握车床的转速，如何走刀，扳哪个手柄，如何做到眼疾手快。尤其是在掌握车床的转速时，既不能转速太快，也不能太慢。转速太慢，车出的工件毛糙，不光滑，不精细；转速太快，往往容易崩刀或碰到卡盘。师傅陈同友手把手地教，徒弟张成泽一点一滴地学，师徒配合默契，情如兄弟。

果然是名师出高徒。三个月以后，张成泽可以自己操作了。因为配件加工任务重，张成泽和陈同友黑白轮班，机器一直在工作。当时，他们车的工件是一种精密油盘，要在油盘断面上挖一道油槽。这个工作虽说简单，却不容易车。车床的工作原理相通，掌握 C20 车床技术，也能操作其他车床。张成泽跟着陈同友学到了高超的车工技术。其他车床的战友有时候忙不过来，就喊："哎，张成泽老弟，你替我干一阵儿。"这样，张成泽就在他的车床上操作，区别在于转速的快慢、进刀的长短。如此一来，全连所有车床他都操作起来得心应手。张成泽的心得是要眼疾手快，车刀来到卡片前，左手快速按下旋转手柄，右手同时把进刀架摇回来，两只手如影随形，配合默契，配件如同有形的画、无形的诗，被一件件完美地创作出来。

工欲善其事，必先利其器。张成泽为了干好车工，在磨刀上下了很大功夫。不论是锋钢刀头、合金刀头，还是碳素钢刀头，他都能随心所欲地磨出锋利且适宜切削的刀头。张成泽与战友经过苦心钻研，反复试验，终于有了自己的创造——在全连乃至全营第一个发明了"剃光刀"。用"剃光刀"车出来的工件有着用其他刀具车出来的无法比拟的光洁度。用手在工件上一摸，感到非常平滑。对于这项小发明，很多老兵都感到新鲜可用，很多车工也都与他交流技术革新的体会。与此同时，张成泽通过与其他技术骨干交流也学到了很多先进技术。

凡事都有规律可循，只要找到规律，规律就如同有经验的老人牵着你的手，绕过艰难险阻，踏平坎坎坷坷，一步步走向成功。经过一段时间的摸索，张成泽发现，他们的加工任务基本固定，都是加工坦克上一些经常磨损、容易损坏的零部件。这些零部件的钢材通常都比较硬。如何检验钢材的硬度？

他拿起钢材往地上一摔或者用砂轮一磨就能知道。钢材闪出的火花，又直又亮的是硬钢，否则是普通的钢材。张成泽加工的零部件很精密，误差都不超过千分之一。这么小的误差是什么概念呢？就是误差不超过一根头发丝的1%。连队技师、技术员拿着千分表、千分尺和卡尺测量张成泽制作出来的工件，轮番检查，也不差一丝一毫。

张成泽发现，车床工作时间长了，震动的原因会使车床刀具产生一定误差，即便是一样的刀具，车出来的零部件质量也不一样。所以，车工熟悉车床要像熟悉自己的身体一样，仔细检查，经常检查，发现误差后及时请机修工进行校正，以便确保加工的所有工件都符合质量标准。当然，技术再高明的车工也会有失误的时候，要想保证工件质量，必须及时发现失误，弥补失误。张成泽同时领悟到：无论干什么工作，都要动脑筋思考，要有所总结，有所提高，有所发明，有所创造。

车工识图和绘画多多少少有些联系。绘画是用线条，有实线也有虚线。干车工绘图是用直尺、圆规，要求比较规整。尤其是看到工件图纸以后，无论是主视图还是俯视图，一眼就能看出工件的形状，这与绘画有一定的关联，画画之前就应该想到主象和副象。制作工件仿佛是创作一件艺术品，就像画画一样当作一种艺术来追求、来研究。尤其是将车好的工件摆在工具箱上边，光线一照，闪闪发亮，那便是成排的艺术品。那种感觉如同每当画成一幅作品，自我欣赏时满满的成就感。自己车出的零部件也像是一幅幅立体的画，一首首无形的诗。

机遇总是垂青于有准备的人。张成泽虽然在车工岗位上干得扎扎实实，内心深处还是有着一个当画家的梦，他更乐意做一些与绘画有联系的事情，以便筑牢自己艺术追求的理想之基。

1977年4月，领导通知一连班长张成泽到营部计划股去协助工作。当时，计划股股长转业，计划股只剩一名助理员，忙不过来。计划股的职责是下达全营各个连队每月的坦克修理工作、加工零部件计划以及日常工作安排，主要完成一些零部件小型图纸制作。领导经过全面考察，发现张成泽具有一定的绘图常识，素质全面，加工配件技术熟练，是到计划股帮助工作的不二人选。特别是 1968 年入伍的计划股助理员对张成泽非常欣赏，积极向领导推荐，让张成泽和他一起负责全营生产计划下达工作。张成泽到了计划股干得顺风顺水。

一天，一连技术员周继文找到张成泽，专门交代说："小张，麻烦你，给我画一张 C20 车床图纸的解剖图。图纸要画得大一点，讲课的时候挂在前面，后面离得远的同志也能看清楚。"周继文表示不仅要在连队讲课，还要到搞技术培训的教导队去讲课。张成泽毫不犹豫地答应。

说完，周继文拿出一张皱巴巴的 16 开 C20 车床的图纸。C20 车床是相对精密的机器，是造机器的机器。绘制这张教学挂图的难度可想而知。张成泽问周继文："多长时间给你？"周继文说："你抓紧时间画就行了。"张成泽心想，看来是比较急促。张成泽找来一张大图纸，他挪开办公桌，把图纸贴在东面墙上，开始查资料。张成泽仅找到一幅 16 开的印刷图，没有任何放大设备，只能手工绘制。挂图多大合适？图纸放大多少倍？全凭笔算。他带着疑问，走到了车间自己曾开过的 C20 车床前，打开变速箱放掉机油一看，有点傻眼了：大大小小的齿轮，错综复杂的咬合，既有直齿也有斜齿，联动杆长短、曲直各不相同，而且只能俯视，无法平视。要把俯视图变为平视图，要把齿轮的齿数、齿距及无缝隙的咬合画出来并非易事。他拔走刀架和齿轮箱，用棉纱布把各个零部件擦得铮明瓦亮。但是，只能看到变速箱的上面，还是看不到变速箱下面的零部件。

这真是一个难题！过去，张成泽跟着师傅陈同友保养过车床，那只是把齿轮箱的盖子打开，放出机油，擦拭内部机件。而这一次拆卸车床则是彻底的分解，真正的大卸八块。张成泽胆子比较大，为了画好 C20 车床挂图也真是拼了。他认真推敲，一步一步卸开车床，仔细测量每个工件的大小尺寸，对齿轮的咬合、粗度、长度、宽度、斜面等数据的计算，进行了一番深入研究。在没有计算机的情况下，成千上万的数据都是用笔计算出来的。那时候，张成泽高中毕业时间不长，脑子灵活，算得又快又准。

虽说是车床挂图，光画车床的这些齿轮就不容易，更不用说内部复杂的结构了。如果没有干过车工绝对不敢拆卸车床，但是不拆卸车床那就画不了内部机件；如果没有掌握画画的技法，也不敢接受绘制车床挂图的任务；如果没有学过识图用图的基础知识，也无法绘制如此复杂精密的挂图。好在张成泽具备了这些基本条件，这让他操作起来信心满满。

拆卸车床是一件非常复杂的过程，出不得一丝一毫的差错，哪怕碰了哪个不该碰的地方，挪动了哪个不该挪动的机件，车床的精密程度就会受到影响，制作的工件质量就无法保证。张成泽拆得认真仔细，将拆卸下来的零部件有序地放在一边，以便测量完成后按顺序组装。由于张成泽拆卸分解得很小心谨慎，组装结合好整部车床，加满机油，试车后证明加工出来的零件没有任何误差。然后，张成泽用笔去反复计算，结果出来后，画了整整两天。他深深地感到，画机床车图比创作一幅画的难度大多了。

张成泽画了两天以后，草图就基本定型了。此时，他找到技术股王长颂求助。技术股的工具比计划股的要全，比如长尺、大圆规等，计划股没有。张成泽对王长颂说："一连技术员周继文让我画一张 C20 车床挂图，需要借你们的工具用一下。"王长颂说："好啊。"张成泽说："你要能帮上忙的话，当然更好了。"王长颂说："没问题。"这样，他们就开始并肩作战了。两人在一起重新计算大小齿轮等各种零部件的倍数等数据，算得确凿无误了，就用圆规用虚线画下来。他们将各种数据精确计算，再仔细画准。他们顾不上休息，经常画到深夜。有几次，他们画着画着，就听见了早上部队的起床号声。那时候，张成泽年轻，觉不着累。他们连续画了九天九夜，终于完成了这个挂图的绘制。

看到精美的 C20 车床教学挂图和 C20 车床一样大，数千个零部件的各种数据都精确无误，边缘线要比原图纸的边缘线粗壮一些，挂在墙上全教室的人都能看得非常清楚。一连技术员周继文非常惊讶："简直是奇迹，这么短的时间就画出来！画得这么好！这么准确！这么精美！"这幅挂图对于后学者起到了很好的教学作用。因为周继文技术员的工作时间长，精通坦克修理专业技术，他深知 C20 车床零部件的复杂性、构造的精密性，更深知画这幅挂图的艰难性，以至于多少年以后，他仍对张成泽的这幅杰作赞叹不已。之所以称之为奇迹，是因为很多专家都画不出这样的挂图，而一名士兵竟然在极短的时间内画出来，可以说是一个无与伦比的成就。

笑看画作被哄抢

悄然间，张成泽的人生发生了一次重要转折——由战士被提拔为干部。这不是上天的眷顾，也不是命运之神的垂青，而是张成泽自己的努力和素质的提高，得到了部队党组织肯定和官兵信任的必然结果。

1977年5月30日，指导员李向河把张成泽叫到连部，对他说："最近，我们营要提拔一批干部，你在这个范围之内。"当时，张成泽感到很吃惊，但打心眼里感谢党组织的培养教育，同时也很高兴。因为战士提干是百里挑一，机会难得，一个从农村来的青年能够成为部队干部，能有更多的时间为国家和军队建设事业做贡献，真是天大的荣幸。不久，提干命令就下达了——张成泽任独立坦克第一修理营营部书记。

军营的夜色来得很快，热闹了整整一个白天的坦克修理车间、训练场很快安静下来。张成泽从战士到干部，待遇有了很大变化。干部是职业军人，要做好终生献身国防的准备。他反反复复想了很多，真正感到自己肩上的担子沉甸甸的，当了干部就要对自己要求更加严格，要多学一些知识，多掌握一些本领，更好地为部队建设服务，绝不能辜负党组织的培养。

营部书记的职责是连部文书职责的升级版，差别仅是服务的主要对象由连领导换成了营领导。平时也是和文字打交道多一些。开会要准备文字材料，包括写领导讲话稿、会标，分管营部电影组、通信员、收发员等工作，同时还兼任着缺编参谋的军事训练和管理工作。书记工作也是一项上传下达的工作，需要尽量多掌握一些全营的资料和情况，当好领导的参谋与助手。当时，营部除了营领导就只有张成泽和干事梁显彬，二人的工作量比较大，要写材料，要下连队了解情况，有时候要按照营领导的指示，到各个股、各个连队了解情况，统计各种数据，及时上报。1978 年 8 月，梁显彬到石家庄装甲兵学院去上学，营部办事人员只剩下张成泽一个人，他的任务更重，工作更忙。最后，上级调来苏振文任书记，张成泽改任营部干事。他把自己掌握的有关知识和本领尽数传授给苏振文。比如写文字材料，怎样立意，如何开头，怎么抓住重点，如何运用事例，尤其注意提高语言技巧，改进文风，因为言而无文行之不远，等等。在张成泽的帮助下，苏振文的工作很快走上了正轨。

没有体验过付出心血和汗水的人，你就无法真正理解什么叫艰苦奋斗，什么是燃烧的人生。张成泽任干事期间，积极主动、尽心尽责做工作。张成泽的工作比较辛苦，但他辛苦并快乐着，因为他得到了营领导充分的信任与尊重。

基层是块磨刀石。整天做梦想当官的人未必能够当个好官，一心想赢而又缺少内力的人大多会输；只有德才兼备、心态平和的人才更易赢。

"绘画艺术是我生命的一部分，除了它，我还能喜欢什么呢？"张成泽当了营部书记后又当干事，有了个人的小房间，就比在连队画得相对多了一些。连队的战士，个个都是那样可爱可亲，充满朝气，这给张成泽提供了诸多创作主题和人物形象。

张成泽从心里喜欢战士们，他清楚地知道如何表现连队官兵的美好形象和高尚情操，以及他们的感人事迹。他主要利用业余时间创作，比如星期六党团活动结束以后，星期天或者节假日。张成泽站在巨人的肩膀上，以临摹古典名画为突破口，练习传统技法。开始，他画画像无头苍蝇一样，到处乱撞，逮着什么画什么，有时画训练的官兵，有时画速写线描的头像，有时画一些花草，有时画座山头，有时画棵松树，有时画点梅花，等等。他看哪个画家画得比较好，就在原画上贴上小纸临摹，有时在墙上，有时在画案上画一画。他以画人物居多，很少画大画，只是画 A4 纸或者四开纸，主要是用铅笔画。

有时候用钢笔或者毛笔画一些松树、花果，有时候还从报纸上临摹一些照片，画一些人物的动态。他潜心研究国画传统笔墨技法，从顾恺之、陈洪绶到任伯年，从中体验国画以线造型、骨法用笔的奥秘。他从石涛、徐青藤那里领略冷峻空觉的笔墨意境，从黄宾虹那里吸收积墨的厚重，从齐白石那里采撷明快与天真……

他没有保存这一段时间的任何作品，只是埋头练手了。为什么没有保存画作呢？因为战友们来了，看到张成泽那一摞摞的画稿，个个爱不释手，开始"扫荡"："画得不孬，这幅画给我吧！"你争我抢，拿着就跑。除此之外，张成泽还画了四五本速写画稿，他画战士们跑步操练、玩单杠、倒立双杠、打篮球、踢足球，等等。多是速写线描，画得很快。一本画稿有六七十页，他画了足有数百幅作品，也被争抢一空。

画作总是被哄抢，张成泽开始也有些痛惜，后来想想也心中释然。手上的功夫都是在锤炼中逐渐提高的，只要笔不离手，肯定就会有进步。画家的职能就是创造美，画出美。这一切都是一种锻炼和积累，个人留着画作也没用，战士们喜欢那就拿去吧！张成泽有个好习惯，看见什么感兴趣的事和物就立刻记下来、画下来，日积月累，心摹手追，这使他的观察力日益长进，写生的技巧与日俱进。

张成泽担任营部书记和干事时，画得最多的画就是幻灯片了。之所以画幻灯片比较多，是因为营部书记和干事分管电影组，这都是职责范围内的事情，他既然喜欢画画，画幻灯片自然是责无旁贷。

电影组每个星期至少要放一场电影，每次放电影之前，营领导都要求用几分钟的时间播放张成泽制作的幻灯片。这相当于本营的"新闻联播"——上级重要指示、本级要求规定及全营重要活动、各连好人好事等，都要配发画面，重要的内容还要画成连环画。比如，战士立功受奖，张成泽拍下照片，然后写上某某荣立几等功一次，而后画上这名战士主要事迹的典型画面；官兵在农场收割稻子，帮助农民春种秋收，用画面介绍很有观赏价值和教育意义。

张成泽画的幻灯片，成为许多官兵心中的最爱。

堪比火柴盒稍大一点的幻灯片并不好画，因为画面太小了。尤其是播放时，画面在银幕上一放大，有什么缺陷一下子就暴露了。张成泽画幻灯片无师自通，主要是靠自己摸索。由于他爱好画画，在绘画的造型艺术上把握得比较准，特别是画人物，如果画得不像，那肯定是不行的。人物画不像山水画，多块石头少棵树那都无所谓。画人物即便少半个耳朵也不行，两只眼睛画得不平行、没有神那也会不受待见，必须画得认真细致，不能潦草了事。画幻灯片也要上颜色，张成泽到照相馆买一些透明色，五颜六色的小玻璃瓶里装满了他的理想和对艺术的追求。他先用毛笔仔细画好幻灯片，再涂上鲜亮透明的颜色，要比纯墨色的黑白画面更抓人眼球。

张成泽的幻灯片画得饶有趣味。前人画此画者，如过江之鲫，但像张成泽这样的妙手，却寥若晨星。真正的绘画大家不屑于画这样的作品，而没有一定的绘画真功夫还真干不好这件事。张成泽领悟了画画的真谛在于传神写照，他掌握了绘画的传统技法，因而他画的幻灯片独具个性，充满鲜活的灵性。张成泽笔下的人物都是活生生的，颦笑之间，传递着嬉笑怒骂之情；飞禽走兽、花草树木，生机盎然，勃发着生命灵动的可爱。那一张张按照顺序变换的幻灯片，画的是身边事，说的是熟悉的人，一招一式、一举一动紧紧抓住了屏幕前官兵的心，赢得的是现场观众经久不息的掌声。久而久之，坦克修理营官兵都把观看张成泽画的影前幻灯片作为一种热切的盼望。

一张张幻灯片的绘画与制作，成为助力张成泽最终走进艺术殿堂的一个个台阶。他长期沉溺于此，不知从中体味和获得了多少愉快与欢欣。在他的笔下一定有个妙不可言、令人陶醉的多彩世界。张成泽是想用自己的画笔，用成千上万的玻璃幻灯片，把这种审美愉悦、艺术享受传递给军营中亲爱的战友们。

好在双心同一心

张成泽担任营部书记时，邂逅了一生的挚爱唐惠芳。张成泽与唐惠芳的相识相恋，称得上是一段美谈，他们的红娘是唐惠芳的一位远房姑姑。就是因为这位远房姑姑穿针引线，促成了张成泽与唐惠芳的美满婚姻。

1977年秋，那是一个金色的收获季节。张成泽那时经常到原济南军区政治部印刷厂保密车间去印材料，认识了车间的职工黄俊刚。黄俊刚和唐惠芳的姑姑在一个单位工作。唐惠芳的姑姑闫秀诚，是干部随军家属，在印刷厂保卫科工作。黄俊刚这个人整天笑眯眯的，见了谁都打招呼。黄俊刚对闫秀诚说："部队经常来印材料的小张人不错，二十五六岁了还没有对象，你有没有合适的人啊？给他介绍介绍。"闫秀诚高兴地说："有啊，我侄女唐惠芳行不行？她是军区乒乓球队的。"原来，唐惠芳当兵以后，她母亲也来过一次部队，对这位姑姑说："我家惠芳来到部队，离家远了，我们也管不了她的事了。她的事就交给你了，你要帮着惠芳物色对象。这是孩子的终身大事，请你多操心。"

受人之托忠人之事，在这件事上闫秀诚是真操心了。好像唐惠芳找不到对象，这位当姑姑的就无法向家人交代了。正好，黄俊刚找她，她接着约好了时间说："你让小张星期天有时间的话，到我家来一趟。"

经过介绍，张成泽星期天应约而至。唐惠芳的姑姑家住在原济南军区后勤部一宿舍，在进大门不远的一个平房里。唐惠芳的姑父王会东因病休养。那时候，个人都没有电话。张成泽一到家，姑姑就去找唐惠芳。后勤部一宿舍与军区体工大队只有一条马路之隔，姑姑一进门就对唐惠芳说："闺女，走，到我家吃水饺去。"唐惠芳高兴地说："好的。"说罢，向领导请了假，跟着姑姑就走。进门一看，只见一位身穿军装的帅小伙正襟危坐，紧张兮兮，而唐惠芳则微笑着说："你好，我叫唐惠芳。"

看到笑靥如花的美女军官，张成泽顿时放松下来，当即自我介绍说："你好，我叫张成泽。"他们先后在姑姑家见了四次面，俩人越谈越投机。姑姑对张成泽很热情，问长问短，问家庭情况，问姊妹几个，问在单位工作干得怎么样，等等。虽说姑姑是随军家属，却也在军区大院里生活了这么多年，对部队的情况还是很了解。唐惠芳在军区体工大队，见惯了大个子，就对姑姑说："其他的先不说，就是他个子不高啊。"姑姑说："你看你这些毛病，人家来咱家吃个水饺，还知道颠吧颠吧盘子，你啥也不懂，你看看，吃个水饺都不知道扒拉扒拉，都黏在一块了。你会什么？以后的生活是过日子，个子高了有什么用？"姑姑主动做侄女的思想工作。唐惠芳说："好吧，我说不过你，都听你的。"唐惠芳一心想打球，不愿意找对象，就推托说："我还小，不想找对象。"姑姑说："你还小？都是24岁的大姑娘了，反正你娘把这件事托付给我了，我就得管你。"唐惠芳无奈地说："好啦，好啦，你让我同意，我就同意呗。"

当然，张成泽一米七多的个子，不算太矮，唐惠芳就是随口说说。这不过是姑娘矜持害羞的本性使然，自然不好张口就说行。另外，他们二人起码是一见面相互看着比较顺眼。张成泽和唐惠芳见了几次面，就都有好感了。唐惠芳当时在军区体工队，在一般人看来，干体育的就是头脑简单，四肢发达。两个人在一起成不成？行不行？张成泽脑袋里也在打问号。他们不是一见钟情，而是循序渐进，感情由浅入深，慢慢加温。张成泽是个认真执着的人，唐惠芳是信守承诺的人，只要说行，这一生便至死不渝。后边也有不少人给唐惠芳介绍对象，她都一口回绝了。从此，他们两个就开始谈起恋爱来了，姑姑的任务就算完成了。张成泽在原济南军区装甲兵政治部干部处帮助工作期间，主动约了唐惠芳一次，他们一起爬了英雄山。

心有灵犀一点通。他们二人有共同的信念：唾手可得的东西往往不被珍惜。爱的尊严一旦被轻视，便经不起咀嚼，很快会变得乏味。爱情一旦省略必要的发酵，酒就酿成了醋，也就缺少了经典爱情中的那三分幻想、三分诗意、三分激情。携手攀爬英雄山的过程中，张成泽和唐惠芳喃喃细语，进行着灵魂与灵魂的碰撞，心灵与心灵的诉说，情感与情感的交融。

唐惠芳，1954年7月出生于昌乐县马宋公社后皇村，在家中姊妹六个中排行第五，惯称"老五"。她12岁开始进行乒乓球训练，15岁进昌乐县乒乓球队，曾在山东省、潍坊地区、昌乐县各级乒乓球比赛中获得过女子单打冠军、亚军和季军，1972年10月被原济南军区乒乓球队特招入伍。唐惠芳1975年5月加入中国共产党，1977年2月，光荣地出席了山东省第五届人民代表大会、山东省妇女代表大会；1977年3月，出席了济南军区学雷锋积极分子代表大会，三次荣立三等功。参加全国全军比赛三十余次，在各种赛事中曾多次获得冠军、亚军、季军。这是她拼搏进取收获的果实。

唐惠芳擅长右手横握球拍的削球打法，削出去的球又低又转。有队友夸张地形容说："要用起重机才能拉得起来。"传统的削球是等待对方失误时采用，而唐惠芳削球则是为进攻创造机会，用削球限制对方进攻，用削球给对方击球制造困难。比赛过程中回合很多，得分相对不易。这就需要更大的耐心、超人的耐力、顽强的毅力。乒乓球就像粘在她的球拍上一样，千变万化。她步伐轻盈灵活，对方疾风暴雨的迅猛快攻、强烈旋转的前冲弧圈，都在唐惠芳稳如泰山的防御面前被化解于无形，数不清的乒乓球高手、国手倒在了她的拍下。唐惠芳为人正派、朴实、亲和，这是在良好的家庭教育氛围中长期形成的性格。原济南军区乒乓球队成立不久，19岁的唐惠芳就担任了乒乓球队队长，在一群十几岁的小队员面前，她就像家里一个实实在在的大姐姐，因此球队上下都称之为"老唐"。唐惠芳心眼好，脾气好，性格好，她熟知每一个队员的性格、脾气和技术，对小队员就像对小弟弟小妹妹们一样细心呵护，她那亲切、真诚的话语，像一阵阵温煦的春风，吹进队员们的心扉。没有人是永远坚强的，只是将脆弱隐藏在了不为人知的地方。在自己拿不准所做之事对错的时候，需要有人在身边给予肯定、给予鼓励，使之坚定自己的做法。因此，在小队员们心中，唐惠芳就像冬日里的阳光，冰雪中的红梅，温暖的春风，能够抚平心灵的创伤，是自己疗养心绪的港湾。在唐惠芳面前，自己没有什么话不可以说，没有什么心事需要隐藏。唐惠芳一定是世界上最理解他们的人，会无条件地支持他们的想法。唐惠芳领着队员们一起健康成长、快速进步。她处理问题成熟、老到，里里外外，大事小事，处处以身作则，点滴不漏，把乒乓球队凝聚成一股绳。如果把原济南军区乒乓球队的队员们比作一颗颗珍珠，那么，唐惠芳就是一条闪闪发光的金线，把颗颗珍珠串连在一起，球队才成为一个坚强如钢的战斗集体。

爱情的基础是信任，而信任的基础是了解。张成泽对唐惠芳了解得越多，理解得越透，爱恋越是不断加深。

爱情的含义虽难诠释，但却是全世界的通用密码，张成泽一直坚持不懈地破解这爱情的密码。1977年11月的一天，张成泽到潍坊执行任务结束后，来到师坦克修理营对赵敬友营长说："我想到昌乐县女朋友家去一趟。"营长准了他假。张成泽在路上遇到了一个女同志领着一个小男孩，他上前就问："姐姐，打听个事，唐惠芳家住在哪里？""哎呀，可巧了，我就是她的姐姐。"

没想到，这个姐姐真的叫对了！唐惠芳的四姐唐忠英正回娘家，就这么巧，他们已经快到家门口了，唐惠芳家门正冲着大马路。唐忠英领着张成泽就进了家门。面对这位非同寻常的客人，唐家毫不知情，因为那时家里没有电话，提前也不知道张成泽去拜访，唐惠芳与家中联系的唯一方式就是写信。经典爱情故事在追求的过程中透出美丽，它使"等待"比"获得"更具魅力。

被爱情冲昏头脑的张成泽，做出了出人意料的事情——他空着手去女朋友家，什么礼物也没有带。因为他相信，真正的爱情，从来不是金钱的产物。张成泽开门见山地向老人进行自我介绍："我叫张成泽，是唐惠芳的战友，到潍坊出差，顺便来看看老人。"在这之前，张成泽对唐惠芳说："我要到潍坊出差，不知道待几天。如果有机会，我就到你老家看看。""好啊，有机会去看看老人。好几年没回家了，我也挺想父母。我们村是昌乐县马宋公社后皇村，进了村一打听就知道我家在哪了。"稍后，唐惠芳说："你和我认识时间不长，你上家里干啥去？"张成泽说："我想去拜访一下，正好也顺道。"张成泽进了唐惠芳家以后，也没有什么活可干，11月份农活都忙完了，他本想表现表现，却也无用武之地。

"唐惠芳的战友？唐惠芳的战友多了去了，哪有一个人冒冒失失地跑到姑娘家来的？八成是惠芳的对象吧？"尽管唐惠芳从来没有说找对象，父母两位大人一看就全明白了，原来是金龟婿上门，贵客啊！父亲马上抓鸡、杀鸡，母亲带着闺女进厨房开始叮叮当当一阵忙活。不大一会儿，荤素搭配的六个菜上了桌，再加上四姐带来的各种点心，霎时间摆满了一大桌子。这也是农村待客的最高礼节了。席间，张成泽向二位老人频频敬酒，聊得很高兴。老人诚恳地说："惠芳在家就是个老实孩子，很听话，也懂事，没有坏心眼儿。希望你们互相理解，互相帮助。"张成泽说："请二老放心，将来我一定对她好。"

时光如同流水一般，可以轻易地拂去任何痕迹，就如同上半夜还是人声鼎沸，到了下半夜就已经完全恢复了安静。晚上休息，四姐带着孩子在西屋，两个老人和成泽住东屋。让张成泽睡炕头，这也是农村待客的最高礼节。其实，年轻人不应该睡炕头。张成泽那时不懂，认为睡在哪里都行。

张成泽爱画画，善于观察。早上，张成泽在院子里练拳脚。家里人都在窗户里瞅见了。二老在屋里议论起这个可能是未来女婿的小伙子。父亲唐炳章说："初次见面，没看出其他毛病，就感觉成泽眼闹，看上去很眍，老五如果跟了他，以后可能要受气。"母亲张振英说："我看挺好的，不会欺负老五吧。"后来才知道，老父亲所说的"眼闹"，是当地的土话，一般人的理解为：从这个人的眼神里可以看出有很深奥的东西存在，不是那么简单和单纯。当然不是什么贬义词。

其实，母亲心里还是有些吃不准。老人离女儿远，的确有些不放心。后来实践证明孩子过得很好。母亲去世得早，没能看到他们长久的幸福。父亲看到他俩过得这么好，逢人就夸张成泽是个好女婿，老人非常满意。张成泽从两位老人饱经沧桑的脸上，看到了一种热情，看到了一种真诚，也看到了对子女未来幸福的满怀希冀。

张成泽住了一晚上，早饭后跟着四姐回昌乐县城去坐公交车。那时候，天气已经很冷了，他穿着军大衣。等车等了老半天，四姐的孩子还很小。半路上，一辆拖拉机来了。张成泽一招手停下了，他们爬到拖拉机车兜里，拖拉机开到离县城不远的地方停下。因为张成泽穿着军装，老百姓对他们可好了。"解放军同志，不能再往前走了，我家就在附近，该拐弯下公路了。""谢谢你。"张成泽掏出来 5 元钱给人家，人家死活不要。张成泽先送四姐，四姐家住在

唐惠芳与父母合影

昌乐县城南关。张成泽去唐惠芳老家这一趟，觉得这一家人诚实忠厚、善良热情，心里感到非常满意。在个人的婚姻大事上，张成泽和唐惠芳都是耐心细致、严肃慎重地从事，他们在了解中加深理解，在理解中增进信任，信任让两颗心灵充满默契。

有情人终成眷属。1978年农历八月十五，唐惠芳要到张成泽老家去。一天，父母对唐惠芳说："到成泽家去一趟吧，八月十五团圆节，也是个大节日。"这说明，父母同意他们的婚事了。张成泽和唐惠芳晚上从济南坐上到滕县的火车，车开得很慢，整整坐了六个多小时。

坐在火车上，张成泽脑海里一遍一遍地浮现出唐惠芳父母那慈眉善目、和蔼可亲的面容。

唐惠芳的父亲唐炳章曾在昌乐县木业社工作，后因家中老人孩子需要照料，毅然辞职回乡务农。他离职后，一边照顾亲人，一边做木匠活，经常用精湛的木匠手艺无偿地为乡亲服务，深受乡亲们的喜爱和夸赞。

唐惠芳的母亲张振英心胸宽阔，明事理，相夫教子，孝敬公婆，吃苦耐劳，乐于助人，是个远近闻名的热心肠。街坊邻居谁家有什么困难，她都会伸出援助之手，给予力所能及的帮助；邻里之间若是哪家有了解不开的疙瘩和矛盾，她都会去充当"和事佬"，颇受大家尊重。

二老是典型的严父慈母。说唐炳章是一个严父，是指他对孩子要求严格，从不溺爱，一直对孩子耐心讲道理，教育孩子们视荣誉胜过金钱，要努力做到正直、善良、自立、自强，要尊老爱幼，处处维护大家庭的团结，张成泽对这个家庭好感愈深……

早上四点半，火车不知不觉到了滕县南沙河车站，天还没有亮。下了火车，他们抬着给老人买的东西，徒步走了四里地才到家。老家大门紧关着，全家人都还没有起床。张成泽爬上墙进了家。家里的大花狗见他爬墙进来，竟然一声不吭。张成泽两年没回老家了，大花狗还认识他。张成泽离家时，这条狗才两三个月大。他进家以后，大花狗趴在那里瞪着眼瞅。张成泽唤它："过来，过来！"它一下子蹿过来就往张成泽身上扑，亲热得了不得。在张成泽的绘画中多次出现花狗的形象，他画得活灵活现，生动可爱，饱含着笔墨的韵味，也饱含着作者的深情。

爱情这个"陈词滥调"永远让人们常读常新。张成泽穿着军装带着女朋友唐惠芳回家，父母高兴得一时不知说什么好。街坊邻居知道了，都争先恐后地去看新媳妇。孩子们都爬到墙头上去看，全家人都认可端庄美丽的唐惠芳。老人觉得儿子不懂事，特意请唐惠芳照顾一点。虽说张成泽二十五六岁了，但在大人眼里还是个孩子。老人一个劲儿嘱咐："你们都在外当兵，家人不在身边，你们要互相关心，互相照顾，有什么事互相帮忙。"老人对张成泽说："唐惠芳是女孩子，你要像大哥哥一样对待她。"唐惠芳听了很感动。这些年来，张成泽一直像大哥哥一样对待唐惠芳。唐惠芳做事毛躁一些，外向一些，说话不太注意，有时不免耍个小孩子脾气，张成泽总是慢言细语地劝说。张成泽处理问题、考虑事情都很细致全面，结果总是比较圆满。唐惠芳从心里佩服他。张成泽外刚内柔，他从来没有和老人顶过嘴，母亲说他："俺这个小成，就是摔不破的烂毡帽。"父亲母亲怎么说都行，他家的弟弟妹妹们怎么说都行，他从来不发火，从不惹老人生气。唐惠芳在家里是嫂子，她对待弟弟妹妹都很好。唐惠芳懂大礼，很贤惠，家里好多繁杂的事张成泽想不到，她都能想到并且做到。他们两个又一起回家见了唐惠芳的父母。这样双方家长都见了，都比较满意。

此时此刻，张成泽思虑万千夜不能寐，激动地书写下宋代杨无咎的《鹧鸪天·湖上风光直万金》："湖上风光直万金。芙蓉并蒂照清深。须知花意如人意，好在双心同一心。词共唱，酒俱斟。夜阑扶醉小亭阴。当时比翼连枝愿，未必风流得似今。" 仿佛是一段幸福生活的预言和证明，张成泽为唐惠芳画了一幅速写。在他自然奔放的笔下，画出了极为柔和、细腻的色调与线条，唐惠芳放松地躺在沙发上，面容平静自然，温婉柔和的性格显露无遗，一双眼睛如秋水般澄澈、明亮，却又有几分坚毅。张成泽饱含深情地用这幅

1978年张成泽全家合影

画刻画未来妻子豁达、沉静、坚毅的性格。

在经历了无数波折之后，两颗相爱的心终于结合在一起了，两个相爱的人终于在一起快乐地生活了。天作美，珠联璧合；人和美，永沐爱河。张成泽与唐惠芳的婚礼定于1979年10月1日在滕县老家举行，婚宴摆了十多桌，亲朋好友都前来祝贺。正巧赶上部队有紧急任务，唐惠芳没能赶回去。时隔几日的一个星期天，张成泽、唐惠芳在原济南军区坦克修理营补办了结婚仪式，一间房里坐满了前来贺喜的四五十个战友。大家坐在一起喝喜茶，共享战友喜乐。班长龚宪明当主婚人，盛遵宪作为证婚人讲话。班长龚宪明那个小嘴滑膛，能说会道，搞得全场热热闹闹。盛遵宪简要地介

结婚合影

绍了唐惠芳，也简单地说了张成泽的情况，然后把结婚证书一亮，说："祝你们生活美满，生活幸福，以后要互相关心，互相帮助……"刚说了这么几句，那些战友就嗷嗷叫："发糖了！点烟了！"唐惠芳给他们点一支，他们吹灭一支，老是点不着，就这么热闹起来。新郎新娘都穿着旧军装，已经穿了好几年了。张成泽暗暗感叹：总之过来了，有苦有难，也有幸福、温暖和甘甜。有道是，柳绿桃红莺燕语，吉日良辰，遍撒烟糖雨；欢声笑声歌声响，亲密战友，贺语齐声聚。

依依离别情，拳拳报国心。1980 年 6 月 25 日，坦克修理营一连指导员张成泽随同坦克修理营从原济南军区整装调往福州军区。此时，张成泽和唐惠芳夫妻结婚才 8 个月，就要恋恋不舍地分开数千里之遥。军人以服从命令为天职，不讲二话，一声令下，张成泽打起背包就出发。

部队远离故土，干部们都舍离家庭妻儿老小：连长路百海的女儿不满 2 岁，副指导员张景泽的女儿不满 6 个月，指导员张成泽的妻子、副连长宋修昌的妻子都怀孕几个月，无人照顾。连队干部各有各的难处。与此同时，战士离开熟悉的营房车间，思想上引起剧烈的波动。在困难面前，张成泽带领党支部一班人团结一致，率先垂范，发动党员骨干做好官兵的思想政治工作，党支部做出了"服从命令、振奋精神、克服困难、顺利迁防"的决定，使人员、机械、装备经过三天三夜的长途跋涉，安全顺利到达目的地，没有发生任何事故。此时，南方已到雨季，为保护机械设备不锈蚀，部队立即组织搭建车间。张成泽坚持跟班作业，颈部受伤也不休息，连续四天奋战在一线，带领连队圆满完成搭建车间任务。1980 年 7 月，张成泽被营党委评为优秀共产党员。

军人的爱情是用"奉献"二字来诠释的。1980 年 9 月 22 日，他们的爱情结晶——一个名叫"晓剑"的小男孩呱呱坠地。一个月的探亲假很快就要结束了，孩子还没有出满月，张成泽就把他们母子俩送回了滕县老家，在火车上孩子哭闹不止，一位大嫂走过来说："你俩胆子真大，孩子没满月怎么就抱着出门！"她顺手就从自己孩子身上捆着的桃树枝子折下一截插在成泽儿子的包被上，说桃树枝能保佑孩子平安！年轻夫妻不懂这些，也不信这些，但还是由衷地感谢这位好心大嫂！回到老家第三天就要回部队，与唐惠芳母子分别时，张成泽出了大门又走回来，抱着儿子的头吧唧吧唧地亲了几口，快速地扭头便走，头也不回。目睹此情此景，母亲对惠芳说："小成哭了，含着泪走的。"唐惠芳抬头远远地望去，张成泽走出去好远好远，直到拐弯也没有回头。离别时的心，有着万般不舍；分开时的决绝，是张成泽不愿爱人再心痛再流泪。不舍与决绝，小家与国家，就是这样在一个军人的心里对立着、统一着……

　　凌晨行别，愿云彩和艳阳陪伴你走到远远的天涯；鲜花绿草随你铺展光明的前程。唐惠芳心里清楚，一个在北，一个在南，往返需万里迢迢。丈夫这一别就意味着，分居两地，有难不能同当，有甜不能同尝；丈夫这一别就意味着，家里所有的重担都由她柔弱的肩头承担；丈夫这一别就意味着，要把所有的思念都埋在心底，牛郎与织女来年才能再相见。双军人的家庭生活就是这样聚少离多，一年到头哪里有机会像常人一样花前月下、卿卿我我。但是，为了万家团圆，他们不得不牺牲小家，忍受与亲人的长期分离，献身祖国流血流汗。正如宋代秦观的《鹊桥仙·纤云弄巧》诗中所云："纤云弄巧，飞星传恨，银汉迢迢暗度。金风玉露一相逢，便胜却人间无数。柔情似水，佳期如梦，忍顾鹊桥归路。两情若是久长时，又岂在朝朝暮暮。"

　　风风雨雨历经半个多世纪，张成泽与唐惠芳不仅是生活上的伴侣，也是志同道合并肩应对各种挑战的战友。

风雨之后显彩虹

　　虽然北方的春天来得迟，但天地间早已经有春天的气息了。水池边的杨柳，已经吐绿，一些耐不住寂寞的花也开始冒出了花骨朵，一切都充满了生机。

　　1982 年 4 月 20 日，这是张成泽和唐惠芳终生难忘的日子。天降喜讯：张成泽从南方部队调回了某驻山东部队仓库，忍受了多年分离之苦的两口子到了一个单位工作，终于结束了两地分居的生活。原干部干事唐惠芳调任仓库后勤部任财务助理员，张成泽接了唐惠芳的班任政治处干部干事。

　　张成泽和唐惠芳二人深知，这不是命运之神的青睐，也不是老天的眷顾，而是仓库党委领导对他们的关心照顾。他们深知，张成泽的跨大军区、跨军兵种调动是何等的艰难！仓库党委向上级写了张成泽的调动报告，报告一级一级往上送，一直等了近一年。主要原因是张成泽原上级主管部门捂住宝贝不放人，他们准备破格提升张成泽任营职并继续留用，并考虑把唐惠芳调到福州军区。没想到，原济南军区干部部门三番五次催调。最后，原单位领导征求张成泽的意见。张成泽考虑到家庭极度困难的实际情况，于是痛下决心："我请求回北方部队工作，请领导给予照顾！"原单位领导非常同情他的处境，终于同意放人。于是一纸调令，把张成泽调到北方大山深处的某仓库，张成泽和唐惠芳终于如愿以偿结束了两地分居的生活。

　　是金子到哪里都会发光。在部队，张成泽不是职业画家，他首先是一位敬业称职的优秀军官。1986 年 5 月，勤奋工作并做出突出成绩的张成泽被提升为某仓库管理处处长，负责后勤保障和行政管理工作。分管的电话班平时有 3 名战士，人员少的时候仅有 2 名战士。不要看人员少，对于地处大山深处信息不畅、交通不便的部队来说，通信的作用却极为重要。一旦电话不通就会上下失联，影响战备值勤、军械物资储备输送、后勤保障实施等各项工作的开展。

说来也是巧合，张成泽上任不久，仓库唯一的军用电话线断了。盛夏的一天凌晨，风雨交加，电话班忽然打不出电话，也接不到电话，究竟故障出在哪里不知道。电话班班长任洪才向张成泽报告："处长，电话打不出去了，怎么办？"张成泽说："马上巡线，一刻也耽误不得，我和你们一起去。"张成泽遂穿上雨衣，带着两名战士，背着步话机、电话线和爬电线杆的铁鞋，冒着狂风暴雨，翻山越岭，顺着电话线路，朝着仲宫的方向走去。电线杆子是木杆，电话线是从仲宫接到某仓库，相距数十公里，全是崇山峻岭，乱石杂林。别说碰上下雨天，即便是晴天，不间断地走个来回也要一天多的时间。结果，他们在离仲宫不远的地方，发现线路故障——原来是电线杆子被洪水冲倒，电话线断了。此时，风住雨停，天边出现了一道七色彩虹。

"太美了，真是不可多得的美景！"七色彩虹给张成泽的心灵带来的不仅是出乎意料的美感，而且还有闪电般的灵感：我要让黑白的水墨世界增添更多的颜色，让多姿多彩的世界出现像七色彩虹一样的美景。张成泽被这美景惊呆了，他第一次走进这边的深山，山上山下皆是绚丽夺目的景色，白云、蓝天、彩虹、苍松、翠柏，开满山坡的野花，沾满水珠摇曳不止的灌木和绿草，雨后飞流直下的溪流哗哗作响。大山因为有了活水而有了灵魂，荒野因为有了花草树木而有了生命，天空因为有了美丽的彩虹而有了霓裳。

这美妙绝伦的美景看一眼就让人陶醉。张成泽看得拔不动腿了，干脆不走了！他果断地对两名战士说："通信故障找到了，这就好办了。你们先把电线接好，保障通信线路畅通，然后就可以回去了，明天我们再来换电线杆。"一切行动听指挥，战士们巡完线排除故障后原路返回。

上苍有眼，赋予张成泽一双善于捕捉美的眼睛和一颗易于拥抱美的心灵，面对白纸，他能将世间尘嚣抛于脑后，手握画笔，他眼前只有美丽的彩虹。

张成泽拿着个小本本，开始画山、画水、画花草树木等美景。不一会儿，一幅《雨后彩虹》的图画跃然纸上。画画不能总蹲在一个地方，他挪挪窝，再走走，再找更美更有情趣的地方画，画着画着不知不觉天黑了。这一下张成泽惹麻烦了，荒山野岭，空无人烟，四周没有通行的道路。转来转去，他竟然不辨东西南北，迷失了方向。没办法，张成泽只好顺着电线杆往回走，翻山越岭，上崖下坡，磕磕绊绊地走到深夜，终于回到部队营房。第二天，张成泽找了几个民工，带着他们一起更换了电线杆。

投进深山宽阔的怀抱，亲吻着美丽的山水，张成泽呼吸到的每一口空气，都分外清新：盛夏时分山区的茫茫丛林，虽然萧索且寂寞，但却赠以深邃和幽远；石门山深处虽然凝滞而单调，但它令人远离了远方的喧哗与骚动，周边的龙泉山、九华山的沉稳以诗意的沉默赐人以诗意般的思索。

鲜花和掌声包围着张成泽。他在业余时间画了朱德、陈毅、贺龙等元帅的肖像，放在政治处办的橱窗里展览。这件事被基层官兵发现后，都非常惊讶："张处长真厉害，还会画画呢。"

1989年春天，一纸命令把张成泽这位管理处处长平调到学校校务部分管学员大食堂。张成泽一上任就发现一个问题：学员大食堂管理比较混乱。针对这个问题，张成泽和禹方晔商议决定把食堂炊事人员分为四个窗口，每个窗口分工做不同的饭菜。各个学员队派值日生打菜、分饭、舀汤。每到周末组织会餐，每桌至少八个菜一个汤。四个窗口各做两个菜，很快就上桌了，学员们吃得很满意。

如此一来，食堂管理逐步走向正规，伙食在逐步改善，食堂和学员队的关系越来越好。学员队也开始积极帮厨。过去，学员队队长、教导员总是提意见："你看，吃的土豆连皮都削不干净，多难吃。"这的确是个问题，上千人在一起吃饭，土豆大的大、小的小，靠炊事班那么几个人怎么能够削完皮？张成泽提出："土豆必须削皮，各个学员队派值日生削皮。"他和学员队队长、教导员关系很好。学员队领导对张成泽的意见非常尊重，当即派学员轮流去炊事班帮助削土豆皮，加工好了再做菜。食堂的一大难题迎刃而解。

学员大食堂（当年被评为全军先进食堂）逐渐形成了浓郁的文化氛围，营造了有利于官兵成长的良好环境。张成泽充分发挥绘画特长，倾力办好食堂的壁报，宣传学雷锋的好人好事，写如何讲卫生防止病从口入的宣传语，画先进典型人物肖像，书写食堂管理各项规章制度……既弘扬先进精神，又给人以艺术享受，吸引了广大官兵前来观看。这就是诗情画意的文化熏陶——一种无形的力量，恰似朗月清风，潜移默化，润物无声，让官兵在生活的激荡中进行心灵的滋养，从而达到陶冶心性、培养情怀、立德树人的教育效果。

与大山深处的某仓库相比，学校的文化氛围更浓郁。这里人才济济，能写会画的人才如过江之鲫，学校领导重视开展文化活动，经常组织书画展览。这也是张成泽大显身手的好机会。每次学校组织书画展，张成泽的作品都名列前茅，成为热点与焦点。从书画艺术专业的角度去分析，此时张成泽的画作还没有形成自己的风格，但是他的画作符合画理，因为他在深山里钻研了画论，反复研读了《中国美术史》《中国美术发展史》《艺术简史》。所以，张成泽的画作是学校展览中的佼佼者，其作品水平明显较高。他的作品只要参加展览，就有很多人的眼睛盯着。"这幅画给我留着。""无论画作篇幅大小，都给我留着。"此时此刻，张成泽对自己的画作一概不予保存，干部战士喜欢，尽管拿去。他认为，画作就是为大众而创作的，而让大众喜欢，则是自己终生的艺术追求。

在此期间，为提高部队干部的科学文化水平，济南军区党委决定向科学文化进军，与地方联合开办军区机关和所属部队干部业余大学，统一组织参加山东大学成人自学考试。张成泽以"三更灯火五更鸡""头悬梁锥刺股"的勤奋学习精神，成为夜大的一名优秀学员。他曾在自修考试中一次通过了四门课程，这在军区两万五千名学员中拔得头筹，被誉为"自学标兵""无冕冠军"，受到了军区首长的表扬。

俗话说"十年磨一剑"。如果从王小古先生指导张成泽拿起画笔画画开始算起，这剑已经磨了快三十年了。古希腊的帕尔纳索斯山上，有块巨大的碑石，碑石上的一行希腊文字历经几千年风雨，字迹虽已模糊，但其内涵仍振聋发聩："你要认识自己。"张成泽反思自己这些年走过的路，感觉非常惭愧，这剑还没有磨好，虽然画了许多，却没有成器的，更没有自己非常满意可以拿得出手的精品。他画的多数是写意画，有几幅壁画、漆画，画了大量的牡丹、竹子、梅花、葡萄，许多速写画的是人物、花鸟，画山水画只不过是兴之所至，偶尔为之。当时，原济南军区医学高等专科学校养了许多狗和兔子，张成泽经常去勾画写生。为了方便写生，张成泽家里还养了两条狗、两只猫、一只鹦鹉、八九只鸡，还种植了葡萄、黄瓜、小葫芦。1991 年 7 月 1 日，为庆祝中国共产党建党 70 周年，张成泽画了一幅马克思肖像，长 80 厘米，宽 60 厘米，放在济南军区 106 医院的橱窗里，上下顶格。当时，济南军区 106 医院与铁路大厂搞军民共建，把那幅马克思画像拿到铁路大厂去展览，而后铁路大厂的人送到报社，刊登在《济南日报》上。

这期间，张成泽在中国画坛开始慢慢崭露头角。1991 年，张成泽创作的国画作品《雄峙东方》入选山东省纪念中国共产党建党 70 周年美展；1995 年，国画作品《战地黄花》获纪念抗日战争和世界反法西斯战争胜利 50 周年全国展三等奖；1997 年，国画作品《寰宇》获济南军区纪念中国人民解放军建军 70 周年美展二等奖；1999 年，国画作品《至圣先师》入选中国美术家协会主办的"纪念孔子诞辰 2550 周年"全国书画大展。

艺术道路上的竞技如马拉松比赛，是对艺术家的韧性、耐久力、艺术气质以及品格的长期考验。张成泽一步一步向上攀登，坚持不懈地慢慢积累着，期待有一天能够厚积薄发。

漫漫求索中遇明师

张成泽在艺术道路上是格外幸运的，人家是登门拜师学艺，他这里是老师登门授徒。

20 世纪 90 年代初，王小古老师的大弟子、得意门生崔培鲁先生来济南，多是下榻黄河大厦，有时也把张成泽的家作为落脚点。他在张成泽家里画画，结交朋友，经常在一起交流。当时，张成泽在原济南军区高等医学专科学校的家比较宽敞，房子足有 180 多平方米。张成泽求知若渴，看崔培鲁先生画的画特别好，就拜他为老师，跟他学习画艺，及时请教遇到的绘画难题。崔培鲁的作品以中国花鸟画见长，取材广泛且注重传统、生活、学养及感情的融汇和时代精神的表达，并强调表现"大花鸟"意识和内涵。已有《崔培鲁画集》《崔培鲁作品选》《崔培鲁牡丹画集》等画册出版。

崔培鲁致力于中国画创作和研究六十余年，取得了丰硕成果。尤其是他的花鸟画更显其精湛的艺术造诣。国画《白梅》《墨竹》《石榴》等作品相继参加中国画大展并获奖。他画路宽广，取材广泛，人物山水兼长，工笔写意皆精。他热爱生活，并勤于观察与思考，着力表现对自然生活的感悟。他牢记王小古先

与崔培鲁先生留影

生"师古不古"的教导，以书法功力入画，加强多方面修养，取诸家之长，并吸纳西洋绘画之法在继承传统的基础上，求新求变，注入新的理念。

1992 年，崔培鲁移居深圳，创办南山画院并设立鲁芳斋艺术工作室。现为中国美术家协会会员、中国书画家联谊会理事、中国和平统一促进会书画联谊会委员会委员、中国国际文艺家协会博学会员。崔培鲁是一个热爱自然、热爱生活的人。家乡的石榴、葡萄、牡丹，他早就收入画卷。但真正从生活中发掘素材，真正领悟到写生的真谛，还是源于他到云南西双版纳写生。他深入密林，仔细观察。他在新的环境中重新发现生活中特有的美感，捕捉自然中蕴藏的美，并运用自己创造的特定形象和笔墨方法表现出来，以引起欣赏者的共鸣。他深刻领会了写生的重要性，创作了《版纳野林园》《密林野果图》等多幅充满生机和富有新意的作品。他的画风逐渐有了改变，视野和境界开阔了许多，从生活中发现的美感和意境进入了他的画中。

这些年来，崔培鲁一直生活在深圳。南国的花木也成了他创作的重要题材，他的许多画中既有岭南风情，又有齐鲁特色。他写道："岭南荔枝红，泰岳葡萄香，南北两地生，粤鲁皆故乡。"这是他心灵的写照，更是他对艺术的诠释。崔培鲁是个热爱绘画事业且刻苦努力的人，对自己认定的目标还很执着，对一些新的艺术观点也很敏感。他热爱自然，关爱生命，对生活充满热情。崔培鲁的花鸟画，不论是葡萄、牡丹，还是翠竹、芭蕉与红梅，都表现得生机勃勃、清新明快，给人以奋发向上的审美感受。他的作品富有浓郁的生活气息和鲜明的艺术特色，也体现出具有创新探索精神的现代风格。艺术大师刘海粟在观其葡萄图后，欣然在画上题写"气韵生动"四字，给予高度评价。程十发、董寿平等前辈也先后为崔培鲁画展题写了"六法翻新""六法精妙"的赞誉之词。中国画艺术委员会主任、中央美术学院教授郭怡孮先生在为崔培鲁出版的画册所作的序言中指出："近来培鲁的画更加成熟，葡萄、牡丹、墨竹等这些传统的题材有了新的发展，新的题材也有大开拓，新的探索和追求也在进一步升华。多画一些好画，画出大自然的瑰丽，画出心灵深处的幽情壮彩，是每一位花鸟画家的毕生心愿，培鲁正是这样在努力做着。"

张成泽十分尊敬"师古不古"的画家崔培鲁。崔培鲁渊博的学识、奖掖后学的热情使得张成泽一直把他当作自己的恩师。崔培鲁也喜欢这个年轻有为、勤奋好学的青年军官，他把自己的毕生所学倾囊相授，把自己创作的精品拿给张成泽一一浏览。崔培鲁的创作理念和独具一格的画风，给张成泽很大的影响。他对张成泽说："画花鸟画，首先要展现它们的生命力、它们的美，要让人们从你的画面中得到激励，得到向上的力量，不要画颓废消极的东西，更不要画不健康的东西。"

每隔一两年，崔培鲁就从深圳来济南，他的落脚点，一个是黄河大厦一个是张成泽家。崔培鲁的女儿在济南军区当兵，他经常来济南看女儿。他一来，张成泽就去看崔老师画画，也邀请一些朋友一起交流画艺。崔培鲁见张成泽天赋异禀，极富绘画才能，便不吝赐教。他经常和张成泽一起仔细研究各个画家不同的造诣，以及各个画派的风格和特色。张成泽十分感恩。他一方面摸索着画，一方面照着老师的画册临摹，同时也在用心揣摩其中的特色和不足，用自己的方式对其融会贯通，以求创造出别具一格的作品。他坚持走自己的路：不能与老师画得太像，要保持一定的距离。否则，人家一看就知道是模仿老师的作品。张成泽边学习、边思考，边研究画论边作画，技法、墨法、色彩运用等技巧都有了明显提高。他学工笔花卉，懂得了画面要匀、薄、明、透，巧拙互用；他练写意山水，知道了"丈山、尺树、寸马、豆人"等基本的绘画知识和技巧。

虽说崔培鲁常年在深圳，张成泽一直在济南，相距数千里，但他们一直保持着密切联系。2022年春节，崔培鲁给张成泽寄来了两幅新作：一幅《葡萄》，一幅《牡丹》。师徒不断交流，两个人结下了深厚的忘年交，感情笃深。2006年10月，崔培鲁来山东美术馆举办回顾展，正在中国艺术研究院研究生院上学的张成泽，专门请假回济南来帮助老师布展、接待来宾，使这次展览得以圆满成功举办。

张成泽先是画人物、画山水，后来钟情于画花鸟，常以梅兰竹菊、翎毛鱼虫为题材。他最擅长画葡萄，为了熟悉葡萄的特点曾专门拜访葡萄专家，在自家小院种植葡萄反复揣摩，为了掌握葡萄的更多品种，专程赴新疆维吾尔自治区葡萄沟风景区写生，在绘画葡萄上下了大力气、狠功夫。他东寻西觅，足迹遍布了齐鲁大地，逆九曲十八弯的黄河而上，走中原、赴甘肃、进新疆维吾尔自治区，在吐鲁番市葡萄沟风景区顶着烈日勾描，记录不同品种的葡萄特征。多年下来，他画葡萄的写生稿盈箱累柜，数千上万。

张成泽为什么特意写生葡萄呢？因为他的启蒙老师王小古先生、恩师崔培鲁先生，都是画葡萄、牡丹的大家。当时画葡萄的画家，在中国画坛有三大流派，一个是北京画院的周怀民教授，一个是四川美术学院的苏葆桢教授，再一个就是山东的王小古教授。后来，崔培鲁在画葡萄的画风上独创新路，其代表作《葡萄》和《牡丹》被收藏于北京人民大会堂和美国维吉尼亚州国家博物馆等众多中外机构。张成泽一开始学画就学着画葡萄，他对葡萄也有一种较深的情结。他的葡萄作品开合得法，生熟兼之，其恩师崔培鲁先生在张成泽的葡萄作品中赞道："熟其性，得其神。"倘若说勤奋是打开艺术圣殿的钥匙，那么悟性则是艺术家御风高飞的翅膀。一个缺乏悟性的画家，充其量不过是个拟规画圆的匠人。纵观王小古先生的运笔到崔培鲁老师的挥写，善于悟道的张成泽，不断丰满着自己艺术的翅羽，随时准备冲上邈远的蓝天。

绘事选择不留遗憾

　　人生就是一个不断经历选择的过程，一个人做出的每一个决定都会影响自己的未来。而一名军人军旅人生的选择则具有唯一性——选择服从，服从是军人的天职。张成泽管理学员大食堂由乱到治的喜人变化，不仅让上千名学员吃得高兴、吃得满意，而且也让学校领导了却了一块心病，并从中发现了一个不可多得的管理人才。是人才就要重用。张成泽担任军需助理员不到半年，即被提升为济南军区 106 医院行政副院长。

　　铁打的营盘流水的兵。张成泽干任何工作都认真仔细，追求卓越，他在副院长的位置上履职尽责、兢兢业业，逐渐做出了许多不凡的业绩。其实，他的老本行是搞政工：当过连队政治指导员，当过营、团、军级政治部门干事，精通组织、宣传、干部等各项党务工作业务，他却怎么也没有想到自己还能担任医院的行政副院长。张成泽干了两年就接到一纸命令——转业到地方工作。当他脱下一身穿了整整二十年的绿军装时，心中五味杂陈，感慨不已：在生命之舟停泊的港湾里，也许再也没有像军营那样让自己感到那么神圣、温馨、快乐的地方。

　　回首望一眼自己洒下几多汗水和泪水的绿色军营，张成泽带走的是一片浓浓的深情。

　　1992 年 8 月 26 日，张成泽转业被安排在济南市机电设备集团总公司，这是一个县处级单位。刚开始，他坐了整整四个月的冷板凳，因为人家对他不了解，不可能一上来就给安排个职务。张成泽深受儒家文化的影响，为人善良、温和、勤奋、低调、谦逊、执着、坚毅。画如其人，含蓄中寓阳刚，朦胧中蕴清健，是一位沉稳坚毅、朴实安静的山东汉子。随着慢慢与他接触，人们又会发现张成泽是一位知识渊博、学养深厚、有自己独特追求的优秀干部。

四个月以后，经过集团总公司党委领导反复考察，张成泽先是担任集团总公司组织人事处处长、党委办公室主任、机关党支部书记、集团总公司党委委员，兼任五个汽车销售公司的党支部书记，后来在集团总公司民主选举中被选为了工会主席。由中层干部变为单位的领导，享受副县级干部待遇。

低调内敛、纳言敏行是张成泽给人的第一印象。常言道，勤奋出人才，其实勤奋更出政绩。济南机电设备集团总公司环境好，风气正，张成泽在工会主席的位置上顺风顺水地干了四年，其间还通过考核获得了中级经济师职称，被评为济南市"自学成才优秀个人"。张成泽因倾心竭力为职工排忧解难，注意加强思想品德修养，自觉抵制不正之风，严于律己，两袖清风，各项工作成绩突出，在集团总公司享有较高威望。职业生涯一帆风顺之时，艺术生涯却在不知不觉间来到了十字路口。

1997年7月为迎接香港回归，张成泽精心绘制了《国色天香》《万圆呈祥》两幅作品赠送给香港特区政府，以表达对香港回归的隆重祝贺！

无论在什么岗位上，张成泽都没有放松自己的绘画艺术追求。1999年秋，他感觉自己的绘画水平到了一个瓶颈期，王小古、崔培鲁先生传授的绘画技法、墨法已经掌握得非常熟练，运笔恢宏滂沛，洗练中见精微，初现大家气象。他画的花鸟画，有泥土的芬芳，有山水的妩媚，被誉为"抒情诗，轻音乐，美的情歌"。然而，张成泽有自己的苦恼，无法突破自己，没有真正形成自己的画风。他在苦苦思索，不懈地探索，画外求画，不断积累。张成泽认为，埃及金字塔之所以吐纳古今历劫不倒，是因为基础牢固。绘画学问如同金字塔，最上面一块砖石才是绘画专业本身。只有以各种扎实知识为支撑的绘画专业，才能灼烁光华。这时候，张成泽在作画的同时，埋头读书，广泛涉猎，兼收并蓄，寻求各个知识领域的内在联系，祈求有朝一日能奔向邈远的艺术境界。

　　此时，中央美术学院开始招生的消息让张成泽心动不已。但是，如果考上中央美术学院，就要舍弃官位，离别家庭，告别妻儿，还有随之而来的经济问题，上有老下有小，花钱的地方很多，确实有点舍不得。但是这是一次机会，不去深造，老是这样晃荡，一晃年龄就大了，机会错过难再有……他心里非常矛盾。在艺术人生的十字路口，张成泽与师兄弟张建豹的会面，让他做出了选择——将自己的绘画事业由业余走向专业。

　　张成泽和张建豹是同门师兄弟，同出自崔培鲁老师门下。张建豹在中国人民解放军艺术学院上学之前二人就多次交流，他毕业回来后俩人的相互交流更频繁、深入了。他在中国人民解放军艺术学院毕业后，其理论水平、绘画技巧都比张成泽高出一筹。张建豹通过在中国人民解放军艺术学院美术系的学习，画风大变，由画花鸟改为以画人物为主，屡获全国全军画展大奖，还接触了许多著名画家，后当选为中国美术家协会理事、北京市美术家协会副主席，在画坛颇有影响力。

　　张建豹经常到张成泽家里来作客，他反复劝说张成泽："你已经锻炼多年，画到这种程度了，应该到高等学府去深造，出去见识一下。这就和打乒乓球一样，光搞业余不行，还需要走专业的路子。到中央美术学院去学习，会接触很多导师，会见识很多新的东西，会开阔眼界，提升境界。我就是因为上了中国人民解放军艺术学院以后才突破自我的。""还是出去学习学习为好，接触一些新的东西，老是抱着个人的想法在那里死画，那是不行的。在单位上班不能画画，回家画画时间又短，这对将来发展极为不利。虽说你基础打得很好，绘画水平已经很高，但是人外有人，山外有山，和那些大师级的人物相比，还不在一个台阶上，更不在一个层面上。中央美术学院导师的理论水平和绘画水平都非常高，去深造一番，你将会收获意想不到的惊喜。"张建豹说得很中肯，一番话深深地打动了张成泽，促使他下决心抛弃官位，丢掉铁饭碗，辞职去上学。这是张成泽绘画之路走向成功的一大转折。

　　只有把握住机遇，才能不留下遗憾。报考中央美术学院的难度之大出乎很多人的想象。泱泱大国，人才济济，整个中国画坛不乏骥子凤雏、芝兰玉树，跃跃欲试者成千上万，而中央美术学院国画系进修班仅招收数十人，可谓优中选优，百里挑一。而浸润墨砚多年的张成泽自认为这是天赐良机，遂投袂而起，慨然应试，果然秀出班行，在万千绘画侪辈中脱颖而出，一举金榜题名。

工会主席张成泽辞职的消息一经传出，就在济南机电设备集团总公司引起强烈震动。济南市物资局局长亲自做张成泽的思想工作，苦口婆心地劝说丢掉铁饭碗可能会给家庭和个人前程带来一定影响，还说局党委已经初步确定下一步让张成泽担任集团总公司主要领导，等等。后来，看到张成泽不为所动，又去做唐惠芳的工作，希望她能劝其继续安心在集团总公司工作，最终也毫无效果。因为夫妻一条心，唐惠芳对张成泽的所有艺术追求都无条件支持。

当然，张成泽做出为了上学而放弃工作的决定也进行了一番思想斗争。那时候，他所在单位效益很好，月工资800多元。他去上学以后，工资变成了每月21.6元。张成泽在上学期间，集团工会主席的职位一直给他保留着。听说张成泽下决心丢掉工作去上学，大众日报社的画友直接打电话说："成泽，你的胆子太大了，了不起！这是一般人不敢做也做不到的。"张成泽赴京的时候，很多人不理解："你是公司领导，就这么走了，多可惜啊！"那时候，张成泽的生活的确很苦，但是他义无反顾，下决心拼了。

张成泽抛开一切世俗和烦恼，排除种种干扰与障碍，开始思考并规划自己绘画路子的现代转型。

鱼跃龙门天高海阔

　　美丽的北京，中国最高美术殿堂——中央美术学院，以它辉煌灿烂的文化，洗涤着张成泽的心灵，震撼着张成泽的思想。"古法之佳者守之，垂绝者继之，不佳者改之，未足者增之，西方画之可采入者融之。"中央美术学院第一任院长徐悲鸿的主张和见解，对于清除中国画积弊，树立新的理念产生了巨大影响。半个多世纪以来，徐悲鸿的这个观念依然余音缭绕，在这所中国最高美术学府不断回荡。

　　1999 年 9 月 9 日，中央美术学院中国画进修班举行开学典礼。中央美术学院巨擘名宿济济一堂：张立辰、崔晓东、胡明哲、田黎明、姚鸣京、于光华……他们或执鞭美院，或著名教授，个个高蹈独步，怀瑾握瑜，享誉海内外。初次见到这些画坛大家，张成泽的心情格外激动和兴奋。他平时只闻其名，难见其人，如今却要与这些名流人物朝夕相处，随时可以请教绘画问题，这该是多么幸运的事情！

　　开学典礼上，国画系主任张立辰先生进行了一个简单的动员，这也是一个师生见面会。全面负责中国画进修班的老师包于国，曾任中央美术学院教务处处长、中国画系副主任、副教授、书法艺术研究室领导成员，擅长中国画、书法，尤以行草见长。他 1950 年进入中央美术学院，1953 年毕业后留校工作。具体负责中国画进修班的班主任是女老师李源先生，李源老师记忆力超强，对全班 49 名学员的情况了如指掌。当时，中央美术学院新校院落正在建设，临时学习地点选在北京市总工会职工大学二楼礼堂。

开学典礼由包于国老师主持,他说:"同学们,你们来到中央美术学院学习是幸运的。"包于国老师人品高尚,非常厚道,对人非常热情、诚恳,谁有困难,他都积极地帮助解决。不仅国画进修班的学员觉得他人好,中央美术学院所有认识他的人也都说他人好。包于国老师在各项工作中时时刻刻走在前面,严于律己,为人师表,心里时刻想着大家,热心为学员服务。他说:"你们来到中央美术学院学习,先要过好四关:经济关、家庭关、组织关、筛选关。希望大家团结一致,认真学习,注意吸取各位老师和同学们的优点,弥补自己的短处。"

张成泽一边在笔记本上认真记录,一边思考消化着包于国老师的教诲。

接着,李源老师着重介绍了中央美术学院国画系主任张立辰先生。她说:"张立辰先生是潘天寿先生的得意门生。老家是江苏省徐州市沛县,徐州市最早属于山东省。见到张立辰老师,江苏、山东的很多学生都和他攀老乡。他是走在中国画坛前沿的大写意画家,其理论水平非常高,同时还是全国政协委员,是国家级优秀教师……"话一讲完,全礼堂响起经久不息的掌声。当时,张成泽第一次见到张立辰老师,心里充满了崇敬之情。"我们学院准备派30多名优秀专家、教授、学者给你们上课,一定会让诸位学有所获,不会辜负大家的期望,让你们不虚此行!大家来自全国各地,有不少人已经是当地有名的画家,有的已经画画好多年了,有的还是美术学院的教授。但是,你们主动放弃了正常的幸福生活,来到这里学习,还要继续吃苦……希望大家珍惜这次学习的宝贵时间,学到更多更好的东西。"李源老师讲得很动人,同学们都热烈鼓掌。

20多年过去了,张成泽脑海里还不时浮现出中央美术学院1999届国画系进修班49名学员的美好形象。

这么多年来,张成泽和同学们一直保持着密切联系,共同参加书画活动,逐步建立了深厚的友谊。

理论之根扎得愈深,艺术之果才会结得愈甜。在中央美术学院中国画进

中央美术学院 1999 届中国画进修班师生合影

修班，张成泽远绍前哲，近学时贤，博观约取，渴心大饮。他在跟 30 多位专家教授学画的过程中深深地领会了"传统、生活、创作、临摹、写生"的五大教学原则，明白了"在写生中坚持中西结合、融会贯通"教学方针的重要意义，理解了只有站在前人的肩膀上继承传统、勇于创新才能创造中国画新辉煌的深刻道理。

20 世纪 80 年代，中国现代化进程中经历了激烈的中西思想文化碰撞。"八五思潮"以后，人们的思想认识正慢慢沉淀。"八五思潮"期间争论得相当激烈，浪潮起伏中沉渣泛起。

"八五思潮"之后，张成泽认识到，中国画还是要走传统艺术之路，还是要吸收古今中外好的东西，不能随波逐流。学传统艺术从哪里学？光看书还是不够，必须要有老师指点。老师从哪里找？在基层找个好老师不知有多难，张成泽多年来一直在艰难探索中不断思考。如今这么多好老师就在眼前，张成泽有着说不出的兴奋和激动。他看到，这些专家教授分别站在各自最擅长的角度，详细阐述解析山水画、花鸟画、人物画、岩彩画、色彩学……讲绘画起源、发展、各自艺术特色、创作规律，讲历代名家、历代名作、历代门派，讲中国画品评与鉴赏，等等。这一切理论知识的阐释与灌输，犹如在张成泽面前打开了一扇窗，让他逐步进入一个新的艺术境界。

作为当代中国大写意花鸟画的代表画家，张立辰先生的花鸟画显然已出凡入圣。张成泽在张立辰先生的传授中，领悟了如何用精湛的笔墨技巧展示从自然美到艺术美，怎样用精彩的表达方式实现从自然生命到艺术生命的不断升华，从而在传统品格和现代意识的交融中开拓出一种审美新境界。针对西方文化鱼龙混杂般地大量涌入，有人提出"中国画要用西画来改造"，有人提出"笔墨等于零"，第九届全国美术作品展中有人甚至提出反对素描画。张立辰先生大声疾呼："中国画家更要冷静下来好好认识我们的绘画精神，加强对中国画艺术精神的研究和对民族文化体系的认识，以免偏离我们的艺术轨道。"张立辰先生的教诲醍醐灌顶，如指路明灯，照亮了张成泽艺术创作的方向。

中央美术学院山水系主任、炎黄艺术馆馆长崔晓东教授，在继承传统艺术的基础上逐渐形成了自己浑厚凝重、格调高古的艺术风格，受到画坛瞩目。炎黄艺术馆是黄胄先生为了防止大量文物字画流失海外，晚年自己动手建立的一座收藏艺术珍宝的博物馆，也是中国第一座民办公助的艺术馆。崔晓东教授一连给国画进修班的学员们讲了六天课，还带着大家到炎黄艺术馆参观国宝珍藏，一连二十多天到北京十渡景区写生。他要求学员们到日常生活中寻诗情、立画意。张成泽跟着崔晓东先生边看边学边画，渐得其画理精髓。画坛大师级人物众多，重点学哪个？他的答案是，选学大师要选个人喜欢的、自己需要的、能补充自己的。光线色彩要学李可染，用笔要学齐白石，用墨要学黄宾虹。张成泽越学越感到自己在笔墨语言上要千锤百炼，掌握扎实绘画专业基本功的重要性和紧迫性。

　　中央美术学院中国画学院院长、中国工笔人物画领军人物唐勇力教授，主张"中西绘画拉开距离"，坚持两端深入、中西融合、多元共进，以造型为基础，以笔墨为核心，在回溯传统艺术的同时对工笔画进行了深入思考，形成了仿照唐代人物造型与色彩的风格。他的画之所以成功，是由于在工笔画中强调写意因素。唐勇力教授的绘画理论与实践让张成泽的认识跃上了一个新台阶：只有打破工笔和意笔的传统对立模式，才能开拓现代工笔人物画异常自由的创作空间。我们的创新还不够成熟、完美，但是丰富性、多样性还是可以做到的。我们要通过实践去创造多样性的艺术理念、多样性的艺术语言。只要我们做到了，就会在中国美术史上留下一道深深的痕迹。

　　中央美术学院技法理论教授陈伟生擅长美术技法理论，他在讲解《人体解剖学》时，主张"用理论的光辉照耀绘画创作路子"，让张成泽受益终生。张成泽按照陈伟生传授的人体解剖口诀，死死地记住了人体的头、躯干、上肢、下肢的 206 块骨头、639 块肌肉，这些骨头和肌肉的形状、颜色、比例、男女区别以及在喜怒哀乐不同情绪形态下的种种变化，逐步掌握了人体结构解剖的精髓，学习了解剖学、透视学、色彩学以及素描、人体等知识，进而懂得了美术技法基础理论对绘画以及实用美术等诸多领域的必要性，懂得了美术技法基础理论对于绘画和设计等一切造型艺术的进步、发展和提高的重要性。张成泽牢牢记住陈伟生教授的教诲"尽精髓，致广大"，以此为人、为师、为教、为艺，以此对待人生，对待绘画事业。

　　中央美术学院中国画系主任韩国榛教授讲解的视觉艺术心理学令人耳目一新。他经历过农场、部队、工厂生活，丰富的人生体验给他的艺术创作带来了奔流不息的源泉。作为一名人物画家，韩国榛教授的创作以肖像画为主，在创作思想上坚持浓厚的人文忧患与人文关怀意识，强调绘画的历史与现实内涵。为了增强绘画的表现力，他深入研究中国画特殊的笔墨语言和造型诸因素的有机联系，深刻领悟中国传统文化的精神特质，同时在人物写生中发掘人物的生命内涵，刻画生命的沧桑厚重。他笔下的鲁迅、蒋兆和、张仃等形象，或与雄浑的山水相融，或进入深远的画境，给人以心灵的震撼。他的白描作品也注重那种厚重、沧桑的历史感，看似阴柔的线条，却散发出苍劲阳刚的气息。韩国榛的传授让张成泽认识到，技能不等于艺能，审美意象的态度就是画家对艺术的感受，个人经历的综合体现是个性化的审美，作为画家必须创造性地使用绘画语言，做到有感而发，情不自禁，化腐朽为神奇。要构建表现性的视觉力场，画面要尽可能地调动笔墨语言去表现，线条流畅，用笔、用墨、造型、线条、皴擦、点染要精，尽显"神与万物游，智与百工通"。

中央美术学院坚持写生、临摹、创作三位一体的教学体制。学习创作时间非常紧张，致使张成泽每天睡觉时间不足六个小时。尤其是去写生的时候，一般早上都起得很早，甚至早饭也来不及吃，起床后就睡眼惺忪地向教室走去。张成泽当时是和一个来自辽宁省沈阳市的学声乐的学生刘阳住在一起，两个人成了好朋友。刘阳的爸爸经常来北京出差，多次拜托张成泽关照他的孩子。张成泽在房间里铺开一张两米四的大画案，黑天白日地在那里画画。中央美术学院的学生和北京歌剧舞剧院的学生住在一层楼上。一天，一位河南籍的北京歌剧舞剧院的女孩杨洋红着脸求张成泽："张叔叔，你能不能给我画张像？"张成泽说："我们学习时间很紧，不一定能画好。"女孩给了张成泽两张两寸的小照片，他就照着照片慢慢地画，没想到画得很好，并在这幅画像上题款"新星"。女孩拿着两张三尺的画像到处炫耀："这是画家给我画的画像。"别人问："哪位画家？"女孩老老实实地回答："画家张成泽。"北京歌剧舞剧院的演员们知道了，纷纷找上门来，让张成泽给他们画像，他实在无法一一答应，因为学习时间太紧张了。

绘画的最大快乐，就是从最平常最实际的经历中发现、验证、补充和发展绘画理论知识。画家通过绘画，不但出了精品，也做了学问；不但长了见识，也增长了真才实学。创作追求卓越，临摹就高求难。在中央美术学院学习期间，张成泽用了几个月的课余时间临摹了三幅国宝级画作。

第一幅是《八十七神仙卷》，它是一幅白描人物手卷，现藏于北京徐悲

同学聚会喜迎新世纪

鸿纪念馆。图中以道教故事为题材，描绘了以东华帝君、南极帝君为主的八十七位列队行进的神仙，绢本呈深褐色，画面人物造型优美，体态生动，形神刻画细致入微，如行云流水，充满韵律感，代表了我国古代人物画的杰出成就。张成泽大部分是在晚上画，因为白天时间很紧。这幅临摹作品得到了胡勃教授的指导和肯定。

　　第二幅是《韩熙载夜宴图》。这是五代十国时期南唐画家顾闳中的绘画作品，现存宋摹本，绢本设色，现藏于北京故宫博物院。《韩熙载夜宴图》描绘了官员韩熙载家设夜宴载歌行乐的场面。此画描绘的就是一次完整的韩府夜宴过程，即琵琶演奏、观舞、宴间休息、清吹、欢送宾客五段场景。整幅作品线条遒劲流畅，工整细致，构图富有想象力，造型准确精微，色彩清雅。作品不同物象的笔墨运用又富有变化，尤其是敷色更见丰富、和谐，仕女的素装艳服与男宾的青黑色衣衫形成鲜明的对照。在临摹《韩熙载夜宴图》的过程中，张成泽得出一个结论，作为一名画家应当以画家顾闳中为勉。顾氏曾奉李后主之命，到韩熙载府邸窥探韩熙载的私生活，摸清韩氏社会交往的底细。尽管期限很短，交卷要快，但顾氏熟悉上层生活，画技精湛，故所作《韩熙载夜宴图》成为传世名画。尤其是顾氏画的乐师的鼓点与舞伎的脚步，竟然相谐成曲，无懈可击。艺术没有捷径，刻苦的艺术砥砺，才能练就放笔直取、倚马可待的真功夫。

第三幅是临摹的范宽所作《溪山行旅图》，和原作一样大。张成泽在临摹过程中不仅为画家范宽娴熟的技法所惊叹，更感慨这幅山水图卷的壮观。这幅画没有设色，图上的人物、动物、树木、山石、流水，使人如身临其境般闻水声、人声、骡马声，《溪山行旅图》的绘画特色与主题自然地表现了出来。《溪山行旅图》这幅画，张成泽临摹了半个多月，尤其是这山阴道中米粒大小的人物那么复杂，开始他都没有注意到这些赶毛驴的人物。直到老师讲课的时候，讲到《溪山行旅图》近景耸立的岩石，讲到范宽博大的胸怀，山中有行进中的驼队，张成泽才找到了范宽作品中的人物和毛驴。《溪山行旅图》中的人物，那么小，怎么画啊！张成泽拿着放大镜反复看，仔细画，才做到模模糊糊基本象形。范宽的皴法，多是雨点皴和豆瓣皴。对于古人的画，不临摹不知道，临摹了才知其难。张成泽临摹其中的杂树丛生，起稿时画了一遍又一遍。难怪董其昌称其为宋画第一。想要完成这幅画，没有半个月的时间绝对不行。这是比较典型的山水画。后人学他的，他学李成的。李成、郭熙、范宽是宋朝大名鼎鼎的山水画巨匠。范宽在早年的时候，跟着李成学画。张成泽当时借展了同学杨金勇临摹李成的《晴峦萧寺图》，其原作现收藏于美国纳尔逊——阿特金斯艺术博物馆，画中群峰兀立，瀑布飞泻，中景山丘建有寺塔楼阁，山麓水滨筑以水榭、茅屋、板桥，山间有行旅人物活动。画中山石雄伟而秀美，皴染笔法多变，浑厚苍劲。2002年，张成泽应邀参加中国（昌乐）国际宝石节。展览办在县美术馆，张成泽就把杨金勇临摹李成那幅《晴峦萧寺图》挂在展厅最中间，下面标注着"恭临者：杨金勇"。他对主办者说："李成是我们昌乐人，李成又叫李营丘，他的家就在营丘。"后来，昌乐县就把两个乡镇合并在一起，取名叫"营丘镇"。就因为他们搞了这么一次展览，经过张成泽提醒，昌乐县出现了一个营丘镇。当时，县委副书记、副县长、县委宣传部部长、县文化局局长都在场，他们感到很惊奇："这位画家怎么还知道咱们这里宋朝时出过一位有名画家李成呢？"其实，画家只要学过画论，就会知道这些常识。

"岁不寒无以知松柏，事不难无以知君子。"用此话来概括张成泽临摹古画的过程，可以说是很合适的了。他对临摹古画这个过程轻描淡写，而他自己则是铭记不忘。临摹是学习中国画的传统方法，但近百年来很多人对这一学习方法褒贬不一，多有批评，认为它陈陈相因，束缚了画家的创造力，使中国画走上了一条死胡同。而张成泽却是在临摹古画中得出了独特见解，走出了自己的创新之路。

1999年10月，张成泽应邀走进天安门国旗护卫队，为战友们作画4幅，隆重庆祝中华人民共和国成立50周年！

对于中央美术学院各位专家、教授、学者的画理传授与绘事指点，张成泽不仅眼摹手记，而且还全程录音，课下再一字一句地细致整理，反复揣摩，如蜜蜂遍采百花，独酿心中的甘甜。仅33位授课老师的录音，张成泽就整理了46张光盘、百万字的文字资料，他对其中的要点和精华都烂熟于心。经过一年多的学习，张成泽学到了人物画、山水画、花鸟画更深层次的知识，掌握了工笔、写意、线描、泼绘、岩彩的基本技法，学习了人体解剖学、色彩学、绘画理论、经典临摹等专业课程，受益匪浅。随之，张成泽的笔墨也在发生着变化。当时正值庆祝澳门回归和跨世纪，中国国家博物馆将历代经典杰作几乎全部展出，也让他拜读了大师巨匠们的真迹，开阔了眼界，进一步增强了对传统艺术精品力作的敬仰与热爱。有着远大艺术志向和不懈追求的张成泽，学识画艺蒸蒸日上，敢于侪辈之铁中铮铮者相颉颃，常令砚兄砚弟刮目相看……

魂魄毅兮为鬼雄

"身既死兮神以灵，魂魄毅兮为鬼雄。"张成泽的画作，不管是人物画、还是动物画、山水画、花鸟画，其基调都是歌颂现实生活中的真善美，充分体现了他热爱祖国、热爱人民、热爱生活的真挚而纯朴的心灵。他通过自己的画作，把对祖国、对人民、对生活、对大自然的爱撒向了人间。与此同时，他手中的画笔也在直接表达自己的胸臆。

2000年5月上旬，张成泽在中央美术学院上学期间，创作了以圆明园遗址为题材的两幅工笔画作品《国殇》与《风骨》。《国殇》画面是以淡蓝色画出天空、深绿色丛林与玉白色夏宫门庭，遥相呼应，形成了柔和的色彩对比，达到了跳动与有节奏的和谐统一，集中突出了圆明园的残破、高大而不失庄严。他用富有弹性和张力的线条，先简单地勾出轮廓，再施以淡彩，用笔着色都很简练，精细地刻画了花岗岩的质感、浮雕的花纹、破碎石块的断面棱角。而在《风骨》画面的天空中，又增添了一群飞行的白色和平鸽，寓意深远且给人启迪。

《国殇》与《风骨》其技法渊源借鉴了宋人绘画一脉，张成泽重视写真，造型工致准确，笔墨严谨精细，体现了本源的特质，融入了大众的审美诉求，借物抒怀，借画言志，"再现"现实的"应物象形"。张成泽通过真实地描绘被毁坏的圆明园的断壁残垣，牵着观众的手，走进历史真相，深刻认识100多年前英法联军入侵中华、火烧圆明园的那段屈辱历史，着重表达其内心的情感，初步显示了张成泽遵循"艺为人生""家国共命运"的艺术追求。

《国殇》与《风骨》是以真实风物入画的山水画。作者带着落后就要挨打、弱者被人欺侮的愤懑和画家祖辈不幸遭际的悲痛情感，在有限的时间里完成了这两幅作品。1989 年春，张成泽曾利用出差的机会去了圆明园遗址，看到被英法联军洗劫焚毁的圆明园建筑群，痛心疾首！他的亲人有的被抓到欧洲当了一战华工，有的则被侵华日寇吊起来活活打死。国仇家恨深深地埋在张成泽的心中，每逢看到侵略者们在中华大地上犯下的滔天罪行，他都怒火中烧，不能自抑，总想把这种愤懑的胸臆通过手中画笔宣泄出来。

张成泽最早了解火烧圆明园，是在小学课文上。当年小学语文五年级上册的课文《圆明园的毁灭》，给张成泽留下了刻骨铭心的印象。

圆明园被誉为"万园之园"，建筑艺术价值极高。1983 年北京市人民政府集资修整，万春园、福海、万花阵（欧式迷宫）等逐步恢复，定名为"圆明园遗址公园"。

张成泽曾三次去圆明园观看被毁灭的文物古迹，赞叹中华民族伟大的建筑智慧，憎恨侵略者的野蛮暴行。他利用在中央美术学院国画系学习的机会，决心画一幅以圆明园为题材的作品以警后人。

2000 年 5 月 1 日，张成泽再次走进圆明园，面对被毁坏的高大、庄严的夏宫门庭，反复思考：古代先贤"以形写神"的理论，齐白石大师"太似为媚俗，不似为欺世"的观点，宋人画作千年不衰的根本，以及中央美术学院传统、写生、创作"三位一体"的教学模式……如果用写意手法去表现，很难做到形体准确，细节定会遗漏，思来想去还是用工笔技法较为妥当，尽最大努力争取画好画像。这一个"像"字带来好多难题，如：画板距实物 20 多米，实物被损毁和风化得很严重，看不清花纹细节和雕琢痕迹，只能来回观看捕捉线条。当时，围栏还没有围起来，张成泽画累了就坐在旁边休息一会儿，再仔细看看石头上雕刻的花纹，经过长时间的风吹日晒雨淋，石头上有些雕刻的画面已经风化了，看不太清楚。

从西城区陶然亭 53 号中央美术学院进修班学员住处到海淀区圆明园遗址

公园之间距离17公里。每天一早天不亮，张成泽就骑着自行车出发，晚上7点多钟返回，每天中午的午饭仅是两个馒头加咸菜和一壶开水。写生后期，不少游客对即将完成的画面给予了诚恳评价。多数游客说："画得真好、真像，连纹路凹凸都画出来了，不是一日之功。"懂画的游客则说："现场写生的作品才有生命力，且往往是孤品，有学术价值和收藏价值。"经过8天的努力，两幅作品基本完成。

这个过程虽然辛苦，但对此收获张成泽感到由衷的高兴，他随即赋词一首：
《水龙吟·国殇》

华夏江山悠悠，晚清衰败如雨骤。清廷夏宫，气势宏伟，瑰宝铸就。金砖碧瓦，雕梁画栋，古树岸柳。东方古建筑，人民智慧，屈指数，世独有。

庚申多难悲秋，英法军舰炮黑枪口。侵淫抢掠，盗窃珍宝，殃及国瘦。

《国殇》

三天大火，灰烟蔽日，炙烤时候。满地躺尸首，国殇民怨，帝王哀愁。

张成泽在圆明园写生创作的8天时间里，正巧是五一国际劳动节放假期间，圆明园遗址游人如织。他作画的地方似乎成了游客参观的一个中心，有着数不清的人在围观。当然，游客都很自觉地避开了画家的视线。

有一位晨练的高姓长者，满头银发，精神矍铄，走路生风，每天早上见面，他都主动和张成泽聊一会儿。高大爷说："我已经在此晨练20多年了，这个地方游人很多，都想来看看被英法联军毁掉的皇家园林，此地见证了满清政府的衰落，也见证了侵略者的野蛮。我常见到画家在小本本上画，像你这样立起大画板绘画的，还是第一次。你一早就来，天黑才回，我看到了你对绘画的热爱和痴迷。"

有个10多岁的女孩看到张成泽在画画，看得有点着迷，缠着父母一直在旁边仔细观看，久久不肯离去。

在导游的引领下，迎面走来了一批黄头发、蓝眼睛、白皮肤的外国人，其中一位50多岁的男子讲了一通。一位游人问导游："他说了什么？"导游翻译说："侵略者应该向中国人民道歉，应该归还被盗走的文物；中国画家用笔叙说这段屈辱的历史，值得称赞，了不起！"这批欧洲游客主动邀请张成泽与他们在画板前拍照留念。

2017年11月，张成泽在济南举办个人作品展，他第一次拿出工笔画《国殇》和《风骨》，受到观众的一致好评。有的观众看了一眼就认出这是圆明园，有的观众从手机中调出圆明园遗址的图片加以对比。在谈论观后感的时候，有位画家真诚地对张成泽说："真得好好向你学习，我也是画了二三十年了，老是走一条路，路子太狭窄了。"他接着说："你画得好啊，你画得真好。看了你的作品，我发现了自己的差距。"资深画家吴泽浩先生评价说："张成泽的画作是从传统艺术中来的，是从写生中来的，在专业画家队伍里也是精品。"

张成泽坚持把再现自然景致和弘扬人文精神有机地结合，并赋予作品以欣赏和现实意义。他的灵魂是敏锐的。他总是以爱国爱民的情感为基础作为观察的出发点，其作品赞美人生的奋斗，暴露人性的卑劣，警示人类面临的危险，描写自然中的真实存在，那是画家真善美的心灵。所以，他的作品能给人以启示，让人能更准确地认识主观与客观，引领人们前行。

张成泽创作的《醒狮》是一幅有着爱国情怀、有大格局的画面。其构图奇特，雄狮仅占不足三分之一的画面，其余画面则生动地描述了跃跃欲试的群狼。在这幅画里，无论是从雄狮的气势来说，还是从作者的表现手法来看，雄狮毫无争议地是这幅画的灵魂所在。这幅画简洁有力地表现了一头凶猛的雄狮，卧于丰茂的草地之中，昂首远眺，体现出一种特有的强大生命力，并且又具有一股睥睨一切的王者风范，张成泽有意在雄狮的背后留出一大片画面给一群恶狼，群狼龇牙咧嘴，眼中泛着莹莹的绿光，张牙舞爪准备进攻，集中鲜明地突出了"群狼环伺"的主题，恰似警钟长鸣。雄狮醒了，似乎看到了什么，目光中满含警觉、清澈、自信、凌厉，又在静观思考，它在关注着前方更大的目标，根本没有把群狼放在眼里，却也没有丧失对群狼的警惕。远处关山隐约起伏，把整个画面置于灰黄色的调子里，饱含深意。张成泽采用了工写兼备的表现技法，线条优美，色彩柔和，极力对雄狮的内在精神进行深度刻画，尤其是对雄狮和群狼的眼睛进行了细致入微的描写，形神兼备。

《醒狮》

张成泽创作《醒狮》的想法，是从 1999 年美国轰炸中国驻南斯拉夫大使馆开始产生的。这次轰炸造成 3 名中国记者牺牲，20 多名使馆工作人员受伤。张成泽心里很憋屈。拿破仑曾说："中国是一头沉睡的狮子，一旦醒来，将会震惊世界。"张成泽认为，作为一个画家一定要有社会责任感，用"居安思危"来点题，就有提醒国人的意味。"生于忧患，死于安乐。"他以此画作警醒人们，不可忘记周围嗜血的群狼，必须克服懈怠的缺点，增强忧患意识。

《血雨腥风》

张成泽的性格决定了他不是一个能够枯坐在画室里、两耳不闻窗外事的花鸟画家，他时刻把自己创作的立意和国际风云联系在一起。张成泽怀着极为愤怒的感情创作了《血雨腥风》这幅画。画面上南瓜低垂象征着导弹倾泻，一只大公鸡扑棱着翅膀，瞪着眼，鸡爪不知往哪放。战争开始了，这只鸡是斗争，还是趴在那里让人打……代表了被侵略人民的反抗，叶子上、南瓜上涂了很多红色颜料，朱红色点缀其间似鲜血涌流，烟尘纷飞分不清是藤蔓还是绞索，令人触目惊心。画家在题款中写道："美英向伊拉克开战，世界震惊，写此旨在呼唤和平！"这幅画真实而形象，笔力老辣劲健，背景烘托渲染尤具特色，是一幅难得的精品。

《脊梁》

　　生于农村，长于农村，亲历过农民辛劳困苦的张成泽，创作的国画《脊梁》和《甘泉》，真实地反映了他对劳动者的热爱，这是他描绘农村基层劳动者勤劳生活的杰作。从这两幅作品中可以感受到张成泽对农村生活的热情。他之所以重视创作以劳动为主题的作品，是因为他感到，劳动是人类生存和延续的法则，劳动创造财富，只有劳动才有不断的收获。历史的长河波澜壮阔，一代又一代人的努力创造了中华民族的繁荣富强。海带架杆的垂直线与海带画面横切线的交叉对比，居于画面中心的动感人物与肩上压得弯弯的重担彼此呼应。金黄色的海带、银白色的沙滩、艰难跋涉的脚步，由近及远，纵横交错，画面单纯之中又富有变化。满头白发的老人挑着沉重的海带走在泥泞的沙滩上，沉重的担子，疲惫的身躯，黑色的衣裤，沧桑的脸庞上写满了劳动的艰辛、炯炯的眼神中凸显着丰收的期望。张成泽在画中题款："瘦小身躯步履艰，长者赶海奉众餐。风雨潮汐伴吾辈，铁肩担道志弥坚。"画家用轻快的线条和笔墨表现出胶东渔民的特征，衣帽的线条与渲染的墨色融为一体，突出地表现出人物的质感，背景的处理也在宏大缥缈中显出精妙，给人以丰富无穷的想象。《脊梁》这幅作品倾注了张成泽深深的感情。挑海带的长者七八十岁了，还干着这么劳累的工作，身体被压得歪歪的，充分体现了中国农民吃苦耐劳的优秀品质。生活在大城市的人们可能不太能深刻体会这个画面。但是，张成泽是从农村出来的，能深刻理解农民的疾苦。《脊梁》这幅画不是照本宣科，挑担子的长者的形象的确是原貌，背景上的海带架子，现实中有，但是却没有张成泽画得那么密，一片金黄色的海带，极具美感，更加增添了农民丰收的喜悦。老人虽然辛苦，却难掩心中的欢乐。这也准确地体现了一位画家所要表达的艰苦奋斗的精神。

劳动最光荣！农民是社会的中坚力量，他们用勤劳的双手耕种着每一寸土地。张成泽认为，作为画家仅仅画一些花花草草，没有多少意思，还是要多画些有感情、有说服力的东西为好。

《甘泉》

张成泽创作的《甘泉》，真实地记录了边疆少数民族儿童及妇女用葫芦汲山泉解决生活用水的实景。那年冬天，张成泽在中缅边境写生时看到，部分边境地区少数民族的人们依旧住着低矮的茅草房，室内布置极为简单，缺少农业机械，犁地靠水牛，没有水井，生活用水靠山泉。整个村寨几乎看不到青壮年，生产劳动全靠老人、妇女和孩子，张成泽心中颇受触动。张成泽用没骨技法精心绘制，将宋代院体画和元、明清文人画技法相糅合，取宋法之严谨，纳写意技法之精髓，中西融合，消弭工笔与写意的界限，体现当代绘画艺术的视觉效果。

愿让桃李遍天下

　　张成泽在中央美术学院国画系进修班毕业后，谢绝了济南机电设备集团总公司让他回原单位官复原职的邀请，正式进入画坛，开始了专业画家的生涯。他在集中精力从事艺术创作的同时，也力所能及地从事绘画教育工作。2002年，张成泽受聘济南老年大学，任国画兼职教授，为学员传道、授业、解惑。他先后在山东省老年大学、济南市老年大学、山东联合大学、山东轻工业职业学院、清华大学美术学院没骨画培训班任教。通过不断的实践和摸索，他逐步形成了一套明确完整的美术教育理念，强调师造化、重写生、加强绘画基础训练。这就和一般的社会老年大学重复采用从临摹传统笔墨花鸟画入手的教学方法区别开来。

　　老年大学的办学宗旨是"增长知识、丰富生活、陶冶情操、促进健康、服务社会"。老年教育是为了终身学习，而不是为了谋求职业进步或增加谋生手段，是为了展示性情，为了健康身心，为了提高生活质量。同时，老年人想学习不仅是为了自己，还为了社会；不是为了索取，而是为了奉献。学习可以使老年人更新知识，愉悦身心，更能强身健体，延年益寿。济南老年大学有国画班，其中国画班中有花鸟画班、山水画班、人物画班。张成泽在老年大学讲课，感到挺有意思。班里学员职务上参差不齐，有的是副省级领导干部，有的是部队退休干部，当然也有一些普通工人和农民。学员绘画水平有高有低，有些过去接触过画画，有些也在其他绘画班里学过画，想再换换老师听课。那时候，张成泽从中央美术学院学成归来不久，对画论研究比较多。没想到，他一讲课就吸引了老年大学全校学员，张成泽所在的班简直是一位难求，其他班里的学员都拥到教室门口、窗外来听课，有时候走廊里也站满了听课的人。

2003 年，老年大学又招新生了。此时，张成泽讲课的这个班已经由初级班升为中级班，学员们一传十十传百："张成泽老师的授课水平就是高，我以前听过多少课，从来没有老师像他讲得这么深这么透。"张成泽在中央美术学院跟着那么多教授学习，知识面相对要广，"传统、写生、创作"的教学理念也跳出了普通老年大学"临摹、模仿"的老套路，当然让教学面貌为之一新。

这一年，报名张成泽讲课班的有 106 名同学，一个教室顶多只能坐下 50 个人，加上两张桌子，也就是 54 个人。桌子之间要保持距离，后边太远了看不见，听不清。这样，106 名同学分为两个班，张成泽的工作量增加一倍，上午带一个班，下午再带一个班，再加上前边的中级班也要讲课，他要讲三个班。当然，张成泽累并快乐着。他感觉在老年大学讲课是自我升华、自我加压、自我学习。老年大学的兼职教授听着名称很好，其实只是被聘用的临时老师，但是，张成泽深知这是一种社会责任。学校聘用了自己，是对自己莫大的信任，如果没有把学生带好，自己也会亏心。所以他下决心一定要发挥好自己的作用。

张成泽讲课，总是边画边讲，用理性的光芒照耀创作之路。怎么画才不出圭角，怎么画才润，线条怎么拉才出质感，既有理论又有实践，这样才能使学员掌握更多的知识。所以，学员们都很喜欢听张成泽讲课。他边讲画论边现场作画，把画板立在墙上，无论是四尺的画，还是三尺的画，两个小时完成，一节课 45 分钟，中间休息一下，两节课后学员班长把画作收起来。到年底了，三个班的班长分别拿出张成泽在上课时画的几十张画，当时他在画上签字了，不盖印章。到时候，张成泽把印章统一盖上，分发给他的学生们。每张画上都贴上标签，分为 1、2、3、4、5、6……依次排序，有多少同学就排多少号码。他让大家抓阄，抓到哪个号码就拿哪幅画。学员们拿到张成泽的画如获至宝，大家感觉和张老师在一起就像亲人，亲如兄弟姐妹。

既然是创作，就不是重复自己，也不是重复别人，而是突破自我，不断攀登艺术高峰。张成泽的绘画教学是非常认真的，他的教学风格就像他的画一样，总是言简意赅。他千方百计地启发学员们自己去思考，然后通过认识的提高，自己去改正不足，自己去提高表现能力与观察能力。他讲评学员的作业很耐心，对学员绘画中存在的问题，总是善意地指出来，从不简单粗暴。有时候，下课后，张成泽把绘画中有问题的个别学员叫到一边，对他说："你这个地方存在构图平行的问题，我把这一点指出来，以后注意改正。"学员感到很好："张老师这么认真负责。"张成泽讲课比较细致，讲得比较透彻，对学员从不吹胡子瞪眼。他认为，只有讲课认真，不马虎，不敷衍，才能抓住学员们的心。理论和实践结合起来，写生和创作结合起来，才能搞出大名堂。张成泽提出的"书画并举，同时用力"的思想，在一些学员中产生了重要影响。

张成泽以其骄人的艺术成就和认真负责的教学态度，赢得了学员们的爱戴和尊敬。每天讲完课以后，总有学员和张成泽坐在一起共进午餐，学员边吃饭边对张成泽提出："老师，我在课上有一个地方没有听清楚，请你再给我讲讲。"他就这个问题再重复讲述一遍，就这样，学员又多了一个学习的机会。

教学之余，张成泽也从不放松对自己的绘画要求，抓紧一切时间搞创作。然而，一个人负责教三个班，一星期要上十几节课，课程表上排得满满的。从家里到学校来回奔波，好多时间都浪费在路上，讲课、备课与创作发生了矛盾。讲课是一种奉献，艺术创作才是他的根系所在。鱼与熊掌不可兼得。2006年秋天，张成泽只得忍痛割爱，放弃了教学工作。他从2002年一直讲到2006年，五年时间转眼就过去了。五年间，师生之间建立了深厚的感情，当张成泽离开的时候，许多学员都恋恋不舍，流下了眼泪。

张成泽爱才如渴，他五年的辛勤劳作培养了一大批优秀的书画人才，影响了无数人的画风乃至其思想和行为，可谓桃李遍天下。师恩难忘。许多受过张成泽恩惠的学员每当取得成绩和进步时，都会想起这位不计名利、无私奉献的辛勤园丁。尤其是当他们出版书画集、搞个展时，总是会请张成泽为他们的画集和展览作序。

下面，选取张成泽为艺友们及他的弟子作品集所作的序言，充分体现着张成泽独特的鉴赏视角、个性鲜明的笔墨语言与书画风格，以飨读者。

工写花鸟竞芬芳
——赏韩世和花鸟画作品有感

中国工笔画，在经历文人画兴盛的700余年逐渐衰落之后，在20世纪末迎来了一个全面复兴的历史机遇。回顾工笔画的历史，当它在唐宋时期达到巅峰状态时，水墨写意画则处于发展前期，而后此消彼长，水墨写意画的势头渐入佳境，工笔画却逐渐势微了。今天，随着民族精神的崛起，经过几代工笔画家的努力，尤其中国工笔画学会的成立和推动，工笔画又一次呈现了往日的辉煌，光彩照人。工笔花鸟画注重写生，结构严谨，讲究技法及墨彩的应用。韩世和正有这得天独厚的条件，他工作在山东省葡萄研究院，几乎每天都要和葡萄打交道，从葡萄萌芽、抽穗到开花、结果，他精心写生，积累了不少资料。

韩世和自幼喜欢中国画，便借鉴前人的绘画经验以工笔技法画起了葡萄，他巧妙布势，注重藤蔓的虬曲盘伸，枝叶的疏密错落，果实的聚散藏露，色彩的冷暖变化，在着意表现及对比中加以体悟。积习多日后，请教沈静之教授，沈教授为了让他画得更精准、更立体，建议他多画些素描，他认真画了一批石膏头像。在我所见画葡萄似而不俗者，韩世和能算其中一位。

韩世和的作品没有脱离物象自身浑圆、光润、充盈、丰实的基本特征，而是把这些特征提纯、强化，并用自己的笔墨加以表现，呈现一种自然蕴藉、典雅秀丽之美。他不是只会画单一品种的画家，他有丰厚的生活积累，其他花卉、禽鸟、鱼虫均有涉猎，讲究造型和笔墨关系。他不仅由于工作原因养成了更精准的刻画习惯，而且具有严谨的科学态度。以科学的素养准确把握描绘物象的出发点，对中国画的学习有着深刻的意义，一笔一画都充满着感情，这是临摹所不能达到的一种技术优势。

较为准确的表达是韩世和的审美诉求。作为画家都想达到"胸有成竹""兔起鹘落""触物赋象"的状态，这几乎不太可能，的确太难。作为学画时间不长且无师自通者，不知要吃几多苦，不知要走多少弯路，才能在困境中崛起并得到升华。造就一个画家离不开悟性和勤奋，韩世和有绘画禀赋，有坚毅的进取精神，把可用时间沉浸在艺术天地里，刻苦钻研，不断探索，定能收获颇丰并能历练成一位优秀的工笔画家。

豪放洒脱见精神
——赏李象武先生绘画有感

中国传统花鸟画，具有悠久的历史和独特的民族风格，多以秀美娟雅疏于雄肆跌宕。绘画作品是艺术家辛勤的精神硕果，画风的不同，源于画家对于审美的颖悟与个性追求的差异。李象武先生的画风取向和笔墨把控，不取巧作品的表面华丽，而是深层地探觅大写意真谛，其画风受徐渭、吴昌硕、王雪涛等前辈大师的影响颇深，依据前人之法，融会贯通，挥毫落墨，大刀阔斧，豪放洒脱。

李象武先生 1938 年出生于山东莱州市，他身上与生俱来的北方人特有的心性与审美取向，决定了他喜欢豪迈雄壮之气，他下了不少功夫对大写意画作及《芥子园画谱》做了大量的临摹和研究。取法前人绘画大写意精华作为自己的努力方向，融入自然审美，追求一种简洁、沉雄、博大的境界。李象武先生长时间在政府机关工作，接触过不少省内外书画艺术界的大家名流，先后结交了黄永玉、许麟庐、杨仁恺等先生，亦师亦友，虚心求教，孜孜以求；他反复揣摩练笔，注重点、线、面真切语言的挥洒，才有今日之面目。

李象武先生的绘画，在当下的艺术观念里是较为传统的，较为倾向于典雅和书写的那种方式。他画的雄鸡、牡丹、紫藤、蔬果、草虫等，布局妥当，笔墨浑厚，设色明快，搭配合理，雅俗共赏，令人赏心悦目，给人一种卓尔不群的感觉和艺术享受。艺术有不同创作方法，有多种语言形式，有各式各样的风格，但最重要的是情趣和真实。李象武先生的创作可贵之处在于体现了本真。

李象武先生为人坦诚，朴实厚道，求真务实，他的作品像他的人品一样朴实率真，令人瞩目和敬佩！李象武先生已80多岁高龄，依旧伏案笔耕，坚持不懈。他常参加一些公益活动，为机关、企业、朋友创作了不少精品力作，深受大家欢迎。其作品多次参加全国性大展并获奖。许多作品被美国、德国、英国、日本、新加坡等国家专业机构收藏。传记编入《中国现代书画篆刻界名人录》《共和国艺术家辞海》《中国当代艺术家档案》，作品载于《全国书画邀请赛获奖作品汇赏》《中国诗书画100大家》《全国书画大赛优秀作品集》及《中国学术研究》《学术理论与探索》等书和刊物。这些成就的取得，是画家付出了艰苦的劳动和心血，也是他理想臻于完善的真实写照和艺术升华，是真情倾注心智所结的硕果。

暮年壮志写春秋

——赏建堂先生绘画有感

中国人对自然山川、奇花异卉有一种独特的审美情趣。生活在齐鲁大地的书画家孙建堂多年来游历于名山大川、花圃田园，探奇览胜。所到之处，无不仔细观察、体悟、写生。他从不同视角，运用诸多表现手法刻画自然景物，创作了不少好作品。孙建堂的画作气息浓厚淳朴，既显古朴之风，亦存时代之貌。事源生活，性通自然，发于心胸，现于毫端。其山水画层峦叠嶂，树木繁荫，水流潺潺，房舍隐隐。在表现手法上，有披麻、解索、荷叶、斧劈等多种皴法，自然灵动，起伏有致。这得益于他"源于生活又高于生活"的创作理念。在章法上，他将"三远法"融为一体，主次安排有序，浓淡干湿彰显，气脉贯通，耐人寻味。

建堂学兄虽然自幼酷爱书画，但是在从军、从政的 45 年里却没有更多的时间精力去研究书画理论和绘画实践，真正步入绘画行列"游于艺"只有十几年的工夫，确切地说他是从 2002 年退休后开始的。那时我在济南老年大学授课，他是班里年龄稍长、可亲可敬、认真研读的学员。那时，班级学员有的参加过省、市美术展览，有的是省、市美术协会会员，有的已近专业水准。建堂学兄充分利用这个机会，广交朋友，取人之长，汲取营养，丰富自己。他的厚道坦诚、他的和蔼友善，成了全班公认的良师益友。中国画博大精深，千百年来，中国画家伏案笔耕，利用不同的笔法书写着自然的景致和心中的物幻。在绘画上真正能创造出一幅流传千古的佳作，闯出一条自己的路子，形成个人凸显的风格难之又难，因为作画不是一蹴而就之事，对于拿起画笔不久的老年朋友更是可想而知，真正懂画的艺友对于老年画者要给予支持、帮助、鼓励、掌声。

在张成泽画室墙壁上挂着一副用隶书体书写的对联，上面写着：

张老师留存，愿师生友谊长存——

书画奇绝势成千峰走龙蛇

雨露甘甜润泽万物出神秀

附言 吾年已花甲始学书画，得益于成泽老师指点对书画开始入门，吾想如能继续得老师教授，以后年老在家作画怡情以聊晚年足矣。

济南老年大学学生　焕林　撰联并书

张成泽的这位学生楚焕林，字茂堂，别号荷锄仙叟、敬贤斋主人，山东济南人，是一位农民，家在章丘农村，自幼喜书画，书法长草隶，画擅写意花鸟。济南市书法家协会会员，山东省书画学会会员。作品被多种专集收入，并多次获得各种奖励。楚焕林的家离济南老年大学很远，但是他不辞劳苦，风雨无阻，从不缺课，学习非常用功，书画功力进步神速。楚焕林听了张成泽的讲课后颇有感慨。他在老年大学毕业后，师生之间当时因为没有电话，很少联系，只是在山东美术馆庆祝党的十七大美术展览中偶遇一次。但是楚焕林总是把张成泽看作自己永远的老师，每年都会给自己的恩师拜年，还把自己的书画作品送给张成泽点评。

醉心于没骨画

张成泽是个爱动脑筋的人，他在以写意花鸟画为主的多年研习中，发现中国画坛千军万马一起在挤水墨写意这座独木桥，难免呈现循规蹈矩、陈陈相因、千幅一面的情况，许多作品缺少创新意识和新鲜感。

是继续走以前画写意的老路，还是寻找"笔墨当随时代"的路径？经过深思和筛选，张成泽尝试从没骨画入手进行全新的艺术探索，升华自己另类的作品创意。他首选了没骨画作为研习和试画的对象，花费一年的时间进行不间断地摸索和实践，却迟迟没有找到没骨画的创作规律和真谛。他感到前景迷茫，甚是苦恼。

张成泽在黑暗中反复摸索，没骨画究竟是怎么画出来的呢？他画了很多，但是画出来以后总感觉少了点那种高雅的味道，一直百思不得其解。后来，他带着学习没骨画的渴望去中央美术学院求学，没想到中央美术学院30多位教授学者的讲课和示范，唯独没涉及中国三大画种之一的没骨画（当时中央美术学院缺少没骨画老师），张成泽不免有些失望。一次，张立辰教授讲课的时候讲到，他在展览馆偶尔看到一幅没骨画，尺幅不大，但非常吸引人。他说："如果中央美术学院需要没骨画老师，他就马上建议学院领导把这位没骨画作者调过来，承担中央美术学院国画系的教学任务。"当时，张成泽也有同样的感觉，从此他就开始临摹没骨画。那时候没骨画的画册很少，书籍也不好找。张成泽跑到北京各大书店询问："你们这里有没有没骨画画册？"店员们说："没有专门的没骨画画册，都是在一些画册中掺杂着一些没骨画。"

闻言，张成泽不得不扫兴而归。

对于攀登者来说，失掉往昔的足迹并不可惜，迷失了继续前进的方向却很危险。张成泽产生了一种恐惧感。他在学习绘画史的时候了解到，没骨画是传统中国画家族中一个重要且独立的画种，不用墨线勾勒，直接用色彩或墨色绘成。没骨画不同于工笔画和写意画，一个"没"字，即淹没含蓄之意，其精要在于运笔和设色有机地融合在一起，不用线廓形，粗放型不打底稿，不放底样拓描，作画时要求作者胸有成竹，一气呵成。斑驳的肌理、透叠的层次、过渡的色阶古朴典雅。此画种能工能写，可在工笔画和写意画之间发挥其特有的自然生动的优势。不勾边缘线是没骨画的主要特征，虽不勾边缘线，但线色交融、墨色互渗，骨含其内。"混、撞、冲、渍"是没骨画的基本技法，"交、错、点、染"是西画技法的移植改造。这两种具有一定难度又颇有实用价值的新技法是支撑现代没骨画表现风格的核心技法。用光、布色是没骨画的重要特色，注重物体的阴阳向背和凸凹，注重色彩的协调和统一性，于单纯中求丰富、对比中求统一。无论是墨还是色，均是纯而不怯、鲜而不火，追求一种瑰丽沉着、净秀文雅之美。没骨画作为中国传统绘画的重要一脉，在百花齐放、流派纷呈的今天已焕发出勃勃生机。

没骨画起源于南北朝时期张僧繇的"凹凸花"，创始于五代时期的徐熙，确立于北宋初年的徐崇嗣，集大成于清代早期的恽南田。在文人画兴盛的700多年里，文人画有着普遍"尚意"的写意性追求，似乎整体放弃了对色彩的研究和应用。可以说，文人水墨画灿烂的绘画史，也是色彩相对黯淡甚至缺失的历史。虽有杨升、王洽、赵昌、孙隆、居廉、任伯年等没骨画巨匠的扛鼎，但在写意的潮流中仅是几朵不显眼且美丽的浪花。

"八五思潮"后，主张融会东西方绘画语言，表现中国民族精神的现代没骨画派开始崛起，没骨画便成为工写之间的桥梁，意象思维与抽象思维的沟通媒介，其线色、墨色交融，工写结合，收放自由的方式，非常适合表现具有东方意蕴和现代都市情感的艺术效果。后来，张成泽通过翻阅一些资料，发现明末清初著名画家恽南田的没骨画，他是常州画派的开山鼻祖，画法工整，整个色调清新秀美。当时，张成泽没有找到恽南田的书，只是在一些理论刊物和一些美术杂志上看到了有关资料和画作，感到确实高雅，就学着摸索。

现在想来，张成泽感到当初的探索十分可笑，那时自己傻到什么程度？开始用生宣纸去画，哎呀，一洇一大片，怎么就画不成块也画不成形呢？张成泽就没有意识到用熟宣纸去画，由此可见走了多少弯路。他在黑暗中独自摸索了很长时间，就是画不出理想的没骨画，其心情上的苦闷无法言说。看来，要闯出自己的一条路子，这是何等之难啊！

一个偶然的机会，张成泽发现中央民族大学、中国艺术研究院博士生导师李魁正先生，经过对传统绘画和当今绘画的研究与梳理，大力倡导画没骨画，并在业界的大力支持下，于 1991 年组建了现代没骨画派，1992 年 10 月在中国美术馆举办了全国没骨画大展，为世纪之交的艺术界开创了一种和而不同、流光溢彩、清逸洒脱且具审美意识的没骨画新风。

随后，张成泽认真查阅了李魁正教授的有关资料。李魁正，1942 年生于北京，1967 年毕业于中央美术学院中国画系。现为中央民族大学美术学院教授、学术委员会主任、博士生导师。中国艺术研究院特聘博士生导师，李魁正工作室导师。中国美术家协会理事，中国美术家协会中国线描艺术研究会会长，中国现代没骨画派主持人，东方现代泼绘艺术研究会会长，中国工笔画学会副会长，享受国务院特殊贡献津贴优秀专家。他倡导举办过"现代没骨画展""中国画线描艺术展"等学术性展览。其工笔没骨画作品分别荣获首届及第二、三届中国工笔画大展金奖、银奖，泼绘作品获中国书画摄影大奖赛金奖以及中国文联颁发的"97 中国画坛百杰画家"称号等多种荣誉。多幅作品被国家美术馆和国内外收藏机构收藏。主编过多部学术专著。出版有 10 余部个人专集。发表有 40 余篇学术论文。其词条和简介被收入国内外多种权威名人辞典和名人表。

于是，张成泽下决心报考中国艺术研究院研究生院李魁正花鸟画工作室

2006研究生课程班。当时，中国艺术研究院研究生院招生考试非常严格，可谓优中选优，百里挑一。金榜题名者起码要过四关。

第一关，报考者展示个人画照，画照有四寸的，也有六寸的，甚至一尺的。监考老师看了画照，不入眼的就直接淘汰。张成泽的画照，顺利过关。

第二关，报考者现场写生。现场写生在教室里，写生对象包括葡萄、竹子、菊花、兰花等。张成泽擅长画葡萄，画得快，藤蔓画得也有力度。现场写生的时间要求是一个小时，用四开的生宣。真巧，放在张成泽面前的正是一盆葡萄，他对葡萄研究得很透，仅用了半个多小时就写生完毕签上名字走出了考场。监考老师感到很奇怪："哎，他怎么这么短时间就画完出去了？"监考老师走到张成泽的写生作品前审视，当即啧啧称赞："这个学生画得还真不错呢！"同学们画完出来后告诉张成泽："老师表扬你了！"张成泽说："老师怎么表扬我了？"同学说："收作品的时候，老师说，这个学生画得快，画得还真不错呢。"这一下，他心里就有点底了，自己可能过关了。

第三关，报考者进行笔试。考试时间一个半小时，每人一张试卷。试卷有填空题、问答题、选择题、列举题、论述题。只要看过画论的，多多少少都能回答出来，即便是蒙也能蒙出来一点。如果不看画论，那就很难答出来。张成泽平时就爱研究这些，所以笔试的题目对他来说太容易了。笔试结束，监考的老师特意对张成泽说："你的画论考得真不错！"他只说了这么一句，就让张成泽心里的一块石头落了地。

第四关，面试。李魁正老师主持面试，包括班主任，还有三位助教，他们在桌子后面坐成一排，张成泽进来后恭恭敬敬地站在老师面前，老师问："你叫什么名字？画画多少年了？师承是谁？是画山水，画花鸟，还是画人物？"张成泽如实回答："我叫张成泽，从小喜欢画画，师承山东临沂教育学院（今临沂大学）美术教授王小古先生，受他的启蒙，后来就跟着崔培鲁先生学画，正儿八经地画画时间并不长。当前，我的创作面临不少问题，尤其是画没骨画，可以说是迷失了方向，将来如果能跟着李老师学习，我的画作肯定会有好的变化。"此时，助教就把张成泽报考时的画照和现场写生的画拿出来递给李魁正老师。李魁正老师指着照片中振翅飞翔的双雁接着问："照片上的这张画，什么时候画的？画作的意境是什么？"张成泽回答说："这是我秋天画的，表现的是深秋大雁南飞的景色。"李魁正又问："这幅齐白石画像多大尺寸？"张成泽答："三尺整张。"接着，李魁正老师拿着现场写生的那张葡萄画说："这张画画得不错，葡萄粒有大有小，叶子有反转参差，藤蔓画得很有力度，看来画画时间不短了。"接着又问："你是哪里人？从事什么工作？"这些问题，他都如实做了回答。最后，李魁正老师接着问："如果你来学习的话，家庭有什么困难吗？"张成泽回答得很干脆："家中没有什么大的困难，亲人对我很支持。"李魁正老师听了点点头。张成泽面试出来后，心里很有底，觉得自己可能是被录取了。

经过多轮筛选，张成泽接到中国艺术研究院研究生院通知：到北京东四八条 52 号院去学习。北京东四八条 52 号院就是中国艺术研究院研究生院驻地。这个院落原来是中国文联的，梅兰芳大舞台就在这里。当时，张成泽所在的班分两个教室，张成泽在一楼教室，二楼教室是梅兰芳曾经唱戏的地方。

中国艺术研究院研究生院在北京东四八条 52 号院有五个班，还有两个班在通州。这五个班是人物班、花鸟班、山水班、油画班、重彩班。中国艺术研究院研究生院虽然不像中央美术学院那样名声大，但也是人才济济，讲课的这些老师有中央美术学院的、清华大学美术学院的、天津美术学院的，比较有名的教授都会过来讲课，教学质量那也是全国顶尖的。

中国艺术研究院研究生院的开学典礼和毕业典礼与中央美术学院的开学典礼和毕业典礼相比更加隆重。大概是在中国文联驻地的缘故，在张成泽的眼里，中国艺术研究院研究生院的开学典礼非同一般。别的且不说，单单是一场大型文艺汇演登场的大牌演员就堪比每年的"春晚"。国家文艺界的好多大家名流到现场献艺。京剧演员袁世海、刘长俞，评书演员刘兰芳、单连芳，相声演员马季，还有许多歌唱家、舞蹈家、音乐家、话剧表演艺术家等，都在演出中拿出了自己的看家本领。这也是张成泽人生中第一次近距离接触这么多大家名流。以前，他只是在电视屏幕上看到过这些著名演员，现在近距离接触，感受截然不同。中国艺术研究院礼堂掌声阵阵，演出气氛热烈，演出的节目丰富多彩：京剧、独唱、舞蹈、小品、评书、二胡表演、小提琴独奏、钢琴表演、萨克斯表演，两个小时的演出安排紧凑，高潮迭起，激动人心。观众主要是中国艺术研究院的学生和老师，大约有两千人。这是一种高水平的文化熏陶，学员们心中极为兴奋。张成泽感到，能到这么高级的学府来学习，真的是一件幸事。这次演出文化氛围浓郁，演出效果非常震撼。这本身就是一堂综合文化艺术课。看完演出，张成泽心中豁然开朗。画画就是画胸臆，画文化，画哲学，这一切都需要文化熏陶，需要方方面面文化知识的积累，也需要老师方方面面的教诲。看来，在中国艺术研究院研究生院学习，处处留心皆学问，自己应该多动一些脑子思考才是。

开学第一课，院内上下格外重视。班主任唐笑老师、助教付爱民老师、贾宝锋老师以及研究生院院长张晓凌、分管教学的夏冰老师都来到学员们中间。李魁正老师请张晓凌院长作指示。张院长因为还要去其他几个班，与各位新生见面后，直接说了三个字："上课吧。"

张成泽正式学习与探索没骨画，从李魁正老师开讲的第一课开始。李魁正老师讲课前，把他创作的一些没骨画作品贴在墙上，让大家观看，先对没骨画有一个初步的感性认识。他的这些画作，有大的也有小的。其中有一幅作品《起飞》给张成泽留下了格外深刻的印象。画面上一簇簇剑兰直指苍穹，一只小鸟站在岩石的顶端，头向上仰着，张开翅膀准备起飞。李魁正老师指着这幅画解释了一下画的立意。他说："起飞是什么意思呢？我在题款中写着'簇簇利剑刺蓝天，振翅一举冲霄汉'。我画工笔画数十年，我的老师是俞致贞老师、田世光老师，再往上数一辈师爷是于非闇老师。于非闇老师很厉害！我画了这么多年，现在就要起飞。这不是自夸，实际情况就是如此。同时，我也希望同学们和我一起起飞。"

　　李魁正老师的话语如同冲锋号，让同学们热血沸腾，心潮澎湃。李魁正老师一些其他的泼彩画、泼绘画让人看了都眼前一亮。尤其是他画的小幅草虫画，画得非常精致。画的蝈蝈，本来就拇指大那么一小点儿，后来用照相机拍下来，放在电脑上连接电视屏幕放大数十倍以后，蝈蝈的刚毛、牙齿，纤毫毕现，非常清晰，李魁正老师画的蜻蜓、蝴蝶、大黄蜂等，细致入微、活灵活现。张成泽感到非常惊奇，真不知他是怎么画出来的，由此可见李魁正老师已经达到了很高的艺术境界。同学们观看后无不议论纷纷："我们老师真厉害！"

　　李魁正老师指着墙上挂的十几幅画作，讲泼绘，讲传统艺术，然后给同学们提出要求，叮嘱同学们要认真地学，要刻苦钻研。李魁正老师说："我们班的同学所擅长的画种不一样，有的同学画工笔画多年了，有的同学还没有接触到工笔画、没骨画，有的画山水，有的画花鸟，有的画人物，咱们班的学习时间不长，只有一年的时间，我们要合理安排一下，画种就以花鸟画为主，也请擅长其他画种的同学理解。我们要学习传统的文人画、写意画，但是安排的时间短一些，学习工笔画要比学习写意画的时间长一些，我们重点要研究没骨画和线描写生，所占用的时间也最长。"

　　李魁正先生说："绘画的道路、风格与技法是与画家心性相一致的。我的现代没骨画，不受线的约束，捕捉光辉灿烂、朦胧幻化、轻松自然的视觉效果与感受，这较为适合我的理想，象征自由超然的心理境界。在技法上我运用的是有一定难度的混撞冲渍法和交错点彩法。"

　　李魁正先生强调："摄影艺术的前虚后实、透叠等手法，也是我常使用并实践的表现手法。毫无疑问，传统工笔画的分染、晕染、渲染、统染、罩染、提染、渍染、立粉等技法亦是不可缺少的。如此新老技法的混合使用和反复实施，便能确保我在画面上不同的视觉需要，展现我所追求的线色融一、静穆高雅和清逸幽深的新没骨画风。我的大写泼绘，是我为推进工写结合没骨画风格的一个产物，也是多年学习传统写意泼墨花鸟画的演变，从某种意义上讲也是我现代没骨画的放逸和延伸。在我的印章中，有一方石印刻的是'大没骨泼绘'，其意了然。我的泼绘写意，意在体悟前辈泼墨写意大师的哲学精神及艺术表现上的优良传统与现代因素的结合，同时努力摒弃旧文人画的陋习和弊病。为了构建我所追求的黑白互动、阴阳转换和以黑衬白的审美图式，我力求以点线团块的力度铸造一种新的水墨旋律和阳刚之气，以色墨交融的光感效果体现一种新的水墨韵致和阴柔之美。在技法上，我运用的是没骨泼积法和点线积叠法。没骨泼积法，是不刻意强调画面一笔一墨的局部效果，而是以大面积团块笔墨为铺陈，并通过多遍色墨泼积，强化色墨、水墨、水色混成的整体力度感，然后再通过颇见笔意的笔线叠加，构成画面有序的旋律与节奏。点线积叠法，是通过干湿浓淡不同、色相不同的色墨的点或线多遍重叠积写，以加强物象的立体感与厚重感和背景肌理的丰富感与迷茫感，从而使色墨层次丰富、韵味十足。此二法是我把黄宾虹、李可染山水画的积墨法用于我的泼绘写意中尝试总结而成的。"

李魁正先生指出，石涛大师在《画语录》中有精辟论述："所以一画之法，乃自我立。立一画之法者，盖以无法生有法，以有法贯众法也。夫画者，从于心者也。""非无法也，无法之法，乃为至法。""纵使笔不笔，墨不墨，画不画，自有我在。"石涛一画之法的伟大之处，在于创造能表达画家独特感受的画法，换言之就是贵在创造，也就是说要有自己的表现特色。学习、继承必要循法，创造、发展则必有我法。故法随心性，法从于境，法由需要生，法随意趣变。新的思维会产生新的理念，新的意识会增加新的胆量，而新的追求就会产生新的表现技法。因此，法是在个人体悟和不断创造中发展的。艺海无涯，艺道深远。道法自然，努力精进。完成使命，不负时代。

快下课时，班主任唐笑老师向同学们交代了一些注意事项。张成泽感到他讲的时间虽然很短，却很具体实用。唐笑老师要求同学们每个人要买 10 个小画碟，4 个大画碟，加健大白云大毛笔 2 支，中白云毛笔 2 支，小白云毛笔 2 支，狼毫勾线笔 2 支，熟宣纸若干，尤其是要买松烟墨汁和油烟墨汁，油烟墨汁画出来发亮，松烟墨汁画出来比较黑，显得沉稳。听唐笑老师这样一讲，让张成泽大吃一惊，因为他过去不知道这些知识，今天才知道，工欲善其事，必先利其器。两种墨汁染料不同：松烟墨汁，主要是以松枝作为燃料；油烟墨汁，主要是以一些特定的植物油或动物油作为燃料。二者的特性区别很大：一是外观不同，油烟墨汁的外观黑亮，有光泽；而松烟墨汁的外观乌黑、光泽度差；二是墨色不同，油烟墨汁的墨色看上去浓郁乌黑，而松烟墨的墨色看上去深沉无光。现在一些墨汁，有可能就是一些化工原料做出来的，显然比过去的墨汁差远了。比如唐朝的一些绘画所用的墨汁，包括线描，已经过了一千多年，但是它的墨色依然存在。现在这些墨汁，其墨色就很难存在这么多年。

在中国艺术研究院研究生院学习与创作，有很多与同学们交流互鉴的机会。大家每人一块画板，都在那里静心地画。有时画累了，张成泽也会上下楼串串门，看看谁画了什么画作，看到别的同学的画，脑子里就会产生联想，他是这样画的，我应该从中借鉴什么长处？不仅是班内同学互相借鉴，其他班画人物的、画山水的、画重彩的、画油画的，也经常互相串门。如此一来，时间长了，同学们就逐渐互相认识熟悉了，张成泽在与同学们的交流互鉴中逐步建立了深厚的友谊。

在工笔、没骨画领域的高手何家英、贾广健、潘英、付爱民、贾宝锋等老师的指导下，张成泽的没骨画才算真正步入正途。他入学后的第一幅作品《月光》，画面中一只羽毛变异的孔雀立于岩石之上，近景是一丛龟背竹擎着果实，几朵兰花夹杂其间，孔雀后面立着大块撞水且混沌的岩嶂和弱化的毛竹，背景是一轮朦胧的月光。《月光》这幅作品，是李魁正老师讲完没骨画课后，张成泽按照画理用8天时间画出来的。

《月光》贴在教室里，李魁正老师当即给予很高的评价："这只孔雀画得很准确，没骨技法运用得相当娴熟，并且画的是一只变异的孔雀。"一般画孔雀，画的是蓝孔雀，或者绿孔雀，那些羽毛都是一种颜色，而这只变异的孔雀大片的羽毛是白色的。孔雀的头、翅膀、爪子、体形和普通的孔雀都一样，只是羽毛由蓝色到白色出现变异。这是张成泽在中国古代学府国子监写生时得到的收获，国子监里面的古树、孔雀、状元碑，都是他写生的对象。在点评作业时，导师赞许有加。李魁正老师对同学们说："你看张成泽这线条的力度，拉得不错。"他接着问张成泽："你过去画过工笔画吗？"张成泽说："没有画过。"其实他悄悄地学过，不过没有下大的功夫。《月光》这幅画是在李魁正老师的指导下完成的。

从此，李魁正老师就熟悉张成泽了。每次讲完课以后，他就转到张成泽的课桌前，具体仔细地给予他指点。比如，这个地方的构图有什么问题，那个地方的色彩晕染如何改动，画面还缺少什么色彩，等等。导师的这些指点犹如闪电冲破迷雾，让张成泽获益匪浅。接下来，张成泽的第二幅作品《瑰丽》投稿"第二届齐白石奖"全国美展获优秀奖；第三幅作品《晨露》投稿2007年全国美展获优秀奖（最高奖）。之后，他的《幽情》《东风沐》等一些作品分别入选全国美展。

张成泽创作的作品，不追求孤芳自赏的笔墨情趣，不搞哗众取宠的变态图式，而是扎实认真地刻画形象，着力于形态、动势和质感的表现，重视色彩的搭配和整幅作品氛围的把控。在没骨画的学习钻研中，张成泽一直将搜寻的目光凝聚于写生、书画并重的创作与画论研究相结合的寂寞苦旅中。或许用娴熟的笔墨去复制自己的花花鸟鸟实在是件快事，也许更容易被大众接受或被市场认可。潘天寿大师的"把可利用的时间分成十份，三份读书，三份书法，四份作画"的

与导师李魁正联展留影

名言、张立朝老师"书法一定要走传统路子，从碑帖中吸取精华"的教诲总在张成泽心中徜徉，伴他度过许多个不眠的创作之夜。

在研究生院毕业作品集中，导师李魁正先生评语道："张成泽以花鸟画见长，近几年他把主要精力投向了没骨画的研究和创作。两次云南写生使他对花鸟有了更加感性的认识，他对瓷玫瑰、地涌金莲、海芋、火焰花那美丽的色泽、挺拔的姿态情有独钟，画了一系列以此为题材的花鸟作品。其作品那种蓬勃向上的朝气，涌动变幻的旋律，加上得当的色彩、斑斓的肌理，都给人一种耳目一新的感觉。由此可见，没骨画作为一种非常优秀的技法和语言，既可以抒发个人小我情调，也可以表现时代博大情怀。张成泽只是在没骨大道上迈出了一小步便有如此成果，今后还有很多值得探索和挖掘的余地，相信他会取得更好的成绩。"

从此，张成泽与没骨画结下了不解之缘。他认为，没骨画是唯美的，它有美的笔触、美的墨痕、美的色调，蕴含着想象、情思、哲理、诗性，所有这些都耐人寻味，令人向往。他坚信现代没骨画的崛起是中国画的自我完善、自我发展的体现，它绝不单纯是技法的问题，它将使一片黯淡的水墨世界变得更加灿烂夺目、多姿多彩。特别是当代没骨画主张融会东西方绘画语言，表现中国民族精神，成为工写之间的桥梁、意象思维与抽象思维的沟通媒介，其线色、墨色交融，工写结合，收放自如的方式，非常适合表现具有东方意蕴和现代都市情感的艺术效果。这些都深深影响着张成泽，他决定把没骨画的创作、探索作为终生追求的目标。

写意性贯穿于他的没骨画创作。高雅的意境和格调一直是张成泽创作的追求，他的没骨花鸟画通过对物象的刻画渲染所表达的内在精神世界超出了画作传递出的意象、意境，这是他自身学养、修为、精神和审美的集中表现，他在忠实于客观物象表达的基础上更追求主观情绪的抒发，没骨画中与生俱来的写意性在强调物象本身的同时，也反映了物象的意蕴之美。张成泽笔下的没骨画抒发性灵，所绘之物随心意造，但又不脱离物象本身，作为传情达意所用。他追求"淡逸而不入于轻浮，浓厚而不流于郁滞"的墨色效果，用幽淡秀雅之笔制作工整典丽之画，把自己的人文修养、气质和审美理想融入到作品当中，产生出光幻情迷的艺术效果，是画之意的扩展延续。这种超然物外的写意性在彩墨间不经意地开合相生，从实景中引出意境，给人以无穷回味！

当代没骨画重视写生。为了契合当下的审美，获得生动鲜活的第一手创作素材，张成泽三赴滇南搜寻热带花卉，去新疆、大泽山观察临写葡萄，去洛阳、菏泽寻访体察牡丹的生态习性，去武汉、南京踏雪寻梅对景写生……在这大量的写生实践中，他注重对自然物象客观准确的表现，他对物写形，借物抒情，取其向背阴阳，达到妙合自然的意韵。他也注重通过细致的刻画植物花形、禽鸟动态，生动地表现物象的形态、动势和质感，从而发掘出表现对象的内在精神以达到以形写神、气韵生动的终极理想。

在对立统一中求得平衡是审美的一般准则，张成泽在没骨画创作中使用适合抒发自己审美诉求的色彩，他以柔雅的色彩作为造型的主要手段，为营造静雅的人文气息，他采用柔和光源笼罩一层朦胧意象，追求一种中和、素净、雅逸之美。由于没骨画隐去线条用笔容易流于柔弱甜俗，为克服这一弊端，他注重气势、骨力的营造，他笔下的花鸟劲健挺拔、严谨有度，生机盎然。在墨色语言上，他受印象派、后现代派影响，追求色彩的明丽秀润和丰富的装饰效果。他善用混合的复色来表现物象、色阶乃至光照的不同，他对色彩的明暗度特别敏感和看重，以取得一种浑厚凝重、清新沉稳的效果。在画面上，他对委婉含蓄、朦胧柔美与刚健雄强这些对立元素进行调和统一，使画面达到和谐的状态。为了营造宁静平和的气息，他刻意弱化画面上的光源效果。为了表现萼瓣枝叶的莹透，他常用两种或两种以上深浅不一的色彩冲染出叶脉纹理，略去勾线。为了营造娇嫩秀美的效果，他弱化立体感，减少渍染叶瓣的层次。这些努力，都是为了达到他追求的自然和谐的审美视觉。

张成泽的没骨花鸟画融汇中西，取材现代，造型新颖，他的画充满着时代气息和民族精神。他的题材、笔墨与众不同，一定程度上开拓了花鸟画的空间，扩大了花鸟画的格局，突出了花鸟画的特征，并体现在他对新鲜题材的运用与形式构成的吸取中。他大胆舍弃旧有造型规范的束缚，强调在流畅、有力的刻画中表现物象的力度感与抒情性，以适度的夸张变形、方折舒展、几何块面的独特表现形式，展现出不可遏制的生命力与创作激情。他热衷表现的热带植物瓷玫瑰、地涌金莲、海芋、火焰花等无不有着强烈的时代气息，他对那美丽的色泽、挺拔的姿态情有独钟，他作品中那种蓬勃向上的朝气，涌动变幻的旋律，加上得当的色彩、斑斓的肌理都给人以耳目一新的感觉。他描绘的是融合天地万物中更有内涵和深意的景象，反映出来的不仅仅是他个人的风格，而且是时代的要求和民族的风格。

张成泽的没骨花鸟画构图独具新意。中国画的构图十分讲究，顾恺之称之为"置阵布势"，谢赫则称作"经营位置"，虽然提法不一，但意义相同，都是将作者要表达的内容与形式加以组织安排，形成一个体现个性、呈现气势、和谐统一的整体画面。一幅作品的格调高低，构图极为关键。张成泽对构图的把握也是遵循对立统一规律，使其稳中求奇，险中求稳，着意对比，打破对称，形成一个富有节奏的和谐整体。他也擅长以形式感来表述情怀。他常采用的是"三七停"起手法则，把主要的内容安排在"三七点"上，形成韵律节奏，给观者以视觉美感和冲击。他往往在生活中发现最为本质的形式因素，并以最纯粹、最典型的方式展现出来，将自然形式之美提升为构成之美。在构图上他避免平庸，追求每一幅画都要有不同的视觉、不同的立意、不同的情思，力争在章法构成上趋于对立统一。

中央美术学院院长、中国美术家协会主席靳尚谊说得好："什么是好画，好画就是看着顺眼，画面统一，安排得当，色彩自然，大众喜欢。"说得很简单，但是按照他说的去做，却并不是那么容易。当然，画家十分艰难和辛苦，有些人说画家是苦命的。终生能画出几幅优秀的作品，就不错了。好多画家一辈子就重复绘画自己的那几个品种。画家的艰辛，抛开经济不说，费时费力，要学习理论，要研究古人，要吸收经典，要研究和把握笔墨关系、点线面的关系、黑白灰的关系、色彩的关系、线性与线形的关系、画面布局、主副像关系，等等。张成泽的没骨花鸟画让人们感到一种平心静气、忘我投入的创作心态，也让我们看到了他在没骨花鸟画领域进行的一些独特和富有成效的探索以及取得的一些成就，相信他凭借坚忍的性格和强烈的个性以及对没骨画的执着追求，定会在不久的将来取得累累硕果！

八位同窗赴西双版纳

画家倘若与自然脱节，所作之画则是没有温度的。中国画要想获得观众的喜爱就要输入温暖，而输入温暖则需要画家深入生活，深入大自然。

张成泽曾三次到云南西双版纳的国家级自然保护区写生。从昆明到西双版纳，从怒江到澜沧江，在那充满绿色而宁静的大自然中，每一棵树都有自己的特色，每一片树叶都有自己不同凡响的形态，每一朵花都有自己独特的个性之美。那艳丽的色彩、浪漫的情调、梦幻般地交织在一起的现实与传说，真是扣人心弦。人与自然和谐共生，这一切让张成泽处在激动和兴奋之中。到西双版纳写生，是包括张成泽在内的许多学员的强烈愿望。

写生是画家创作活动中极为重要的艺术体验。宋代画家范宽主张"对景造意""写山真骨"。写生不仅是中国画达到形似神似境界的重要途径，而且是艺术个性与艺术真实性和谐统一的必由之路。在临近年底中国艺术研究院研究生院快放寒假的时候，张成泽和同班同学商量道："放寒假时，我们能不能暂时不回家，先去云南西双版纳写生？""好啊，我们一起去西双版纳！"八名同学一拍即合，马上就买了飞往云南昆明的飞机票。

和张成泽同行的是以下七名同学：

冯元民，1966年出生于山东济南，1991年毕业于山东师范大学美术系，山东省美术家协会会员，山东省济南市长清区美术家协会主席，济南市青年联合会委员，济南市美术教育学科带头人，济南市优秀教师。其作品没骨花卉显示出他有很好的造型功底和色彩想象力。他坚信"始于心性，师于造化，用于笔墨，精于学理，成于风格"。

刘忠信，1948年出生于北京，8岁习画，师从马耀华、万兆元、高希舜、娄师白等名家，中央美术学院国画系毕业，曾任娄师白艺术研究会秘书长，现任中国科学院专职画家及院文联理事等职。他承传齐门画风，又是当代写意花鸟画坛中颇有成就者，依然从线描写生开始，注重生活中的直接观察、色彩的协调转换，主张"承袭传统，师法造化，走一条民族性、个性、时代性相结合的艺术之路"。

张真恺（又名张正凯），1967年出生于浙江温州，1996年毕业于中国美术学院，现为中国美术家协会会员、浙江省中国花鸟画家协会理事、温州书画院创作室主任、温州市美术家协会副主席。张真恺的工笔花鸟画和没骨小品让人感受到一种平心静气、忘我投入的作画心态。他的作品颇有信手拈来、妙然天成之纯真气息，其构图安排于巧妙中显出自然，其造型特点于严谨中显出优美，其色彩处理于古厚中透出典雅，其表现技法于老到中颇有创意……他信奉"绘画艺术应是技、法、道高度和谐统一，艺术感觉是艺术家自我心灵体验的过程，艺术作品并非简单的图解。只要用心灵作画，无论古今中外，天地万物皆可为我所用"。

昌世军，1958年生，字石君，洞庭湖人，毕业于湖南省理工大学设计学院，现为中国美术家协会会员、中国美术家协会线描艺术研究会秘书长。2007年，他的作品《喜舞千枝》获第二届中国（湘潭）齐白石中国画大展金奖，作品《山高水长》获2007年全国中国画展优秀作品奖。他笔下的鸟雀灵动多姿、玩闹可爱，仿佛捉来纸上，可见他在观察生活和造型训练上下了苦功夫。昌世军长年研究湖南湘绣艺术，将多年钻研绣画艺术的心得应用于自己的工笔画创作中，于精工瑰丽中显精神，于笔线婉转内见功夫，穿针与走墨相合，掇彩与渲染同思。他就爱画画，自以为是，我行我素。躲进小楼成一统，管它冬夏与春秋。

徐铭襄，1956年生，山东济南人，幼承家学酷爱绘画艺术，曾多次参加全国、省、市级美术作品展览并获奖，2007 年国画作品《怎当他临去秋波那一转》被八一大楼珍藏。现为山东省美术家协会会员，中国民主建国会济南市委员会、文化艺术委员会委员，济南市历下区第六届、第七届政协委员。他主动放弃自己拿手的技法，勇于探索新没骨法，视觉语言大开大合，横破而直立，尤其是局部所采用的点彩手法，能产生传统技法不能达到的特殊美感。他始终认为"画令人惊不如令人喜，令人喜不如令人思"。

徐立新，1971 年出生于河南，1993 年毕业于河南大学，现为中国美术家协会会员、中国美术家协会线描艺术研究会副秘书长、河南省美术家协会副主席、云台书画院院长。他用笔沉着、稳健，润枯相间，行笔力度适中，可谓不烈不温；用色用墨都很大胆，浓淡反差和冷暖对比都比较强烈，在画作中营造了阳刚气充盈的意象。他大胆尝试新没骨技法，相比之下，新的色彩设计更为理性，挖掘出了许多更具现代绘画色彩美感效果的色彩关系。他认为"中国花鸟画是美的，它取材于生活，有美的笔触、墨痕、色调。只有蕴含着美的情愫、哲理、诗意，才能耐人寻味，被人喜爱"。

王永福，笔名为雪浪，1962 年出生于甘肃灵台，毕业于宁夏大学美术系，现为中国美术家协会会员、中国热带雨林艺术研究院理事研究员、甘肃省工笔画协会副主席。他的作品参加全国展览 60 余次。他潜心学习中国工笔花鸟画艺术，并逐步形成了自己的艺术语言和风格。在注重写生的基础上，赋予花鸟画一种现代绘画语境，成为他新的追求。他的作品《沐浴圣光》采用强烈的节奏和富有张力的组合形式，极具视觉冲击力。在这一作品中，直冲云霄的花苞排列和叶片的有序穿插，将南国特有花卉的原始生长状态与现代构图的排列构成形式巧妙地融为一体；同时运用一种灰雅的紫色调，使画面笼罩在一种光影流动的氛围中，在虚实变化、动中求静中产生了一种朦胧虚幻的艺术效果。通过王永福的作品，我们不难看出他在传统绘画技艺表现基础之上对现代绘画艺术新形式的强烈追求。他总是说："艺术是我生命的至尊，除了热爱它，我还能喜欢什么呢？"

　　2007 年 1 月 16 日上午，研究生课程班的同学在中国艺术研究院大讲堂进行哲学理论考试。中午，樊寿同学为张成泽一行八人赴滇举行欢送午宴。樊寿同学是甘肃省临洮县美术馆馆长，忠诚可靠，待人热情，他一听说八位同学要到西双版纳写生，就提出为大家送行，预祝八位同学一切顺利。大家对此都非常感动。临行之前，班主任唐笑老师给大家讲了赴滇的许多注意事项，比如，在热带雨林遇到大象怎么办。遇到毒蛇怎么办。

　　下午张成泽一行八人乘坐北京至昆明的飞机到达昆明机场，晚上在宝善大酒店住下。

　　1 月 17 日，他们八人乘坐面包车去石林县，参观乃古石林，在黑松岩留影。"乃古"是彝族的撒尼语，包含了"古老"和"黑色"的意思。在云南省昆明市石林县距石林景区约 10 千米处，有一片威严耸峙的黑色石林，面积约为 10 平方千米，这就是乃古石林。乃古石林景区由东区、西区、白云湖、白云洞、古战场等组成。登上峰顶，可以饱览一片特别有气质的黑色石海。如有兴趣，可以漫步林中，感受一派蛮荒的氛围。更令人叫绝的是，乃古石林地下处处有溶洞，已经探明的大小溶洞就有 9 个。其中被当地农民熟知的有"弯腰洞""蝙蝠洞""白云洞"，而只有"白云洞"作为旅游景点开放。石峰积雪，为当地奇观美景之一。罗光灿在《石峰积雪》中这样描述："西风料峭倍严寒，峰北峰南雪尚攒。谷口寒封樵子路，天开画景壮游观。"大小石林，千峰比肩，大自然的精雕细琢使得顽石似鸟状、兽状，或拟人，或拟物，神情逼真，疑真还假。而乃古石林石质黝黑古朴，气势磅礴，犹如大海怒涛冲天而起。

　　身临其境，踏石蹬，入石门，拨野草，探幽林，但觉山禽鸣岗，危石森森，其间原野开阔，山风阵阵，花香郁郁，一股强烈的山野味扑面而来，这里的自然美令人耳目一新。所以，用"峰上望、林中游、地下钻"来形容乃古石林的特点，十分贴切。云南山水名动天下，因其独特的地理地质环境，峰峦圆浑，岩柱嶙峋，坡坎间碧水环流，这异样的南国景致，对张成泽来说，激发出来的感慨仍然饱含历史、家国情怀。"踏翻巨浪孤臣血，一碧伤心万古痕"，正如他一系列的设色写生稿里多水分而显淡雅的青绿设色，鲜润、透明、松灵、爽气！

1月18日上午，张成泽一行乘车出发去思茅（今普洱市），晚上9点30分到达澜沧县。澜沧县是普洱市的下辖县之一，因东临澜沧江而得名。

1月19日上午，张成泽和同学们到了孟连傣族拉祜族佤族自治县县城，赴中缅边界处的大曼糯村。此村村口有"一树成林"的大榕树，树冠高大。他们八人在树下合影留念。

八名同学在西双版纳写生

大曼糯村是佤族群众聚集地，他们的房屋建在山坡上，随山势而建，不拘方向，由高而低，用山茅草搭建，十分简陋。一个村寨一般有百余户人家。房屋为"干栏式"建筑，分为上下两层，上层住人，下层无遮挡，用作畜厩或用来堆放农具杂物。佤族群众非常好客，他们能歌善舞，舞风古朴粗犷、热情奔放，舞蹈主要有圆圈舞、木鼓舞、盖房舞、甩发舞、象脚鼓舞、竹竿舞等。其中，木鼓舞和甩发舞展现出佤族文化的深厚底蕴和浓郁的民族特色，享誉中外。他们主动邀请张成泽一行一起唱歌跳舞，合影留念。佤族男子所着服装为圆领对襟上衣和短而肥大的裤子，他们多以竹圈或藤圈为饰，用黑色或红色的布缠头。佤族女子以长发为美，戴银或铝制的耳饰和项圈，上穿圆领窄袖右衽开襟短衣，下穿直筒长裙。张成泽在这里拍摄了许多具有民族风情的照片，画了多张写生素描。

在佤族村寨采风完以后，张成泽一行又参观了孟连傣族拉祜族佤族自治县土司寨。

孟连傣族拉祜族佤族自治县距离澜沧县 53 千米，柏油路双向双车道，一半行程是土路，几十千米山路竟然用了 3 个小时。这是因为山路崎岖，车辆在山间盘旋，突然爬上山顶，又突然下到山涧，时而攀上半山腰，时而冲下陡峭山坡，让人感觉天空一会儿暗下来，一会儿又太阳高照；山路颠簸，转弯特别多，多次遇到被泥石流堵塞的道路，虽然清理过，但还是比较难走。道路两旁植被丰富，有阔叶林，也有针叶林，许多树木叫不出名字。这里以种植甘蔗为主。丛林中到处都是芭蕉树，这是野芭蕉。芭蕉树上开着花，挂着绿色的香蕉，香蕉上有蜘蛛网。当地人说，成熟的香蕉已经被采摘，因为是在冬季，绿色的香蕉不会再成熟。这里的水果甜美、价格便宜，一位同学在汽车站花 2 元钱买了两板香蕉，重达 10 多千克，又花 4 元钱买了一大袋子丰柑，足有 15 千克。

1 月 19 日 18 时，张成泽一行在澜沧县拉祜族特色饭店共进晚餐。拉祜族群众很好客，拉祜族的人们穿着少数民族服饰，唱着当地民族歌曲，以复拍节奏弹着吉他，迈着生动的舞步，端着小酒杯敬酒。一杯敬一人，每敬必唱歌，歌曲没有重复。

1 月 20 日，张成泽一行分乘三辆吉普车向西双版纳开进。他们是 1 月 16 日从学校出发的，到现在为止已经在路上走了 4 天，一路游览参观，此时来到惠民乡参观古茶园。古茶园距今已有 1827 年的历史，20000 余亩地全是普洱茶树，普洱茶树叶片大且厚，枝丫盘错，高矮不等。树上有一种寄生植物，它似蟹爪莲状，嫩绿、片小，长在茶树的树干上，有治高血压、高血糖、高血脂之功效，晒干后是珍贵的中药材。向西行约 1 千米，有布朗族群众开的一个饭庄，他们便在此吃中午饭。普洱茶是布朗族人发现并栽培的。据说，在远古的一天，布朗族人被烈日晒得一个个倒下去，有一个族人因嘴里含着一片叶子没有被晒晕，方知这种叶片有防暑之功效。这种叶片就是普洱茶叶片。

车辆进入景洪地区后，天气变热，已经到了 25℃，道路也由砂石路变成沥青路。张成泽一行在途中见到了橡胶林、香蕉林、菠萝园，还有已经开花结穗的玉米。就这样，他们走进了西双版纳。

1 月 21 日上午，张成泽在中国科学院西双版纳热带植物园参观。午饭后，张成泽和同学们来到了傣寨。傣族人喜欢依水而居，爱洁净、常沐浴，女子爱洗发，故傣族有"水的民族"的美称。傣族服饰淡雅美观，傣族男子常上穿无领对襟或大襟短衫，下着长管裤，以白布或蓝布包头；傣族女子通常喜欢穿窄袖短衣和筒裙，将修长苗条的身材充分展示出来。傣族视孔雀、大象为吉祥物，民族故事丰富多彩。傣族人晒衣服时，会将上衣晒在高处，将裤子和裙子晒在低处。傣族的节庆主要有关门节、开门节、泼水节等。傣族舞蹈种类很多，对动物元素的运用非常鲜明，将动物的动作融入舞蹈，形成了独具魅力的舞蹈风格。孔雀舞就是以孔雀为灵感来源的一种舞蹈。傣族人常用的乐器主要为葫芦丝、象脚鼓、牛皮鼓、铓锣。傣族器乐合奏的主要形式是象脚鼓、锣、镲的合奏。当天晚上，张成泽一行在傣家宾馆就餐。

西双版纳位于我国西南边陲，有"东方伊甸园"之美誉。西双版纳有热带植物数千种，鸟类数百种，兽类亦多种多样，可谓名副其实的植物王国、动物乐园。这里居住着傣族、哈尼族、拉祜族、布朗族、基诺族等十几个少数民族。澜沧江纵贯西双版纳南北，更增添了西双版纳的地域之美。西双版纳犹如一颗璀璨的明珠镶嵌在祖国的西南边疆，多姿的民族风情和多彩的雨林景观吸引了世界各地的众多游客，是艺术家写生创作的圣地。

热带植物园里，花卉繁多，花形奇特，千姿百态，色彩斑斓，令人赞叹；树木高耸层叠，遮天蔽日，望天树高达五六十米，大板根形如板墙，野藤虬曲盘旋，苔藓、地衣如毯，偶见动物穿行，常听禽鸟鸣叫。亲近此景，张成泽热血沸腾，激动不已！

勐腊县有座较高的山叫"孔明山"，据说是孔明七擒孟获的地方，因而得此山名。

当地人吃野菜、辣椒比较多，饭菜很有味道。当地菜的做法以及味道与北方菜有较大差别。

1月26日，张成泽的笔记已间断4天。他的笔记之所以间断，是因为他已经开始起早贪黑地写生创作，来不及写笔记。

当日笔记记载：来滇已经10天，进行了4天写生，已经写生了瓷玫瑰、芭蕉、佛肚竹、露兜树，第二天准备写生无忧花。

"我踏进西双版纳这片神奇的土地，徜徉在林海中就有找到新家的感觉，有一种发自内心的喜爱和莫名的崇敬。从那时起，我就决心从这里再起步，开启探索花鸟画新题材、新意境、新技法的新征程。当初我走进那些原始森林，一天坐透苔几层，去写其生机，写其生意。在寂静中感悟，进而悟出了花鸟画的一条新路，影响了我一生的艺术走向。"写生几天来，张成泽受益良多。他不想画得太复杂，画得太复杂的话虽有层次，但缺少空间感。张成泽一行八人都在努力地画，画大幅的线描居多，风格迥异，似乎一天比一天画得好，可惜时间短些。张成泽每天最少画一张，无论是长条还是巨幅。

地处我国西南边陲的西双版纳，既是一块神奇的土地，又是一个孕育独特民族森林文化的地方。它与老挝、缅甸接壤，临近泰国、越南等东南亚国家。西双版纳地处地球北回归线南侧的高压带上，澜沧江贯穿全境，热带雨林里的生物种类繁多，真的是画家写生创作的理想之地。此时，西双版纳正是冬季，滴水观音、芭蕉、美人蕉、三角梅、兰花、睡莲、木瓜、波罗蜜、龟背竹都还开着花，有的还结着果，树叶葱绿茂盛，像北方的春末夏初，中午又似仲秋，很暖和。

世界上并不缺少美，缺少的是发现。发现，无疑是一切艺术探索过程中最激动人心的东西。换言之，它是画家探索艺术奥秘时刹那间闪现出的灵感和才华。张成泽集中精力画了一批以瓷玫瑰和一些其他热带花卉为主题的作品。瓷玫瑰比较艳丽，花开的时候光彩夺目，亮丽如瓷。阳光照进来以后，瓷玫瑰的花朵就反射着一种紫红色的光芒。它是一种姜科的草本植物，高的能长到六七米，花朵多数长在腰线以下。瓷玫瑰的叶子与人们平时见到的芭蕉叶、美人蕉叶有些类似，只是大小与质感上有些区别。瓷玫瑰的果实比人的拳头大不少，用手一摸，感觉很坚硬。瓷玫瑰的花瓣有的全舒展开，有的蜷缩着；形状也不一样；色彩主要是深红色，也有大红色、粉红色、白色。张成泽第一次去西双版纳时只见过一朵白色的瓷玫瑰。他第二次去西双版纳时发现当初的那棵白瓷玫瑰已经被挪走了。张成泽感觉这种花很漂亮，当地的老百姓都说，它是"五树六花"之一。

何为"五树六花"呢？五树是指糖棕、菩提树、高榕、贝叶棕、槟榔；六花是指缅桂花、鸡蛋花、荷花、文殊兰、黄姜花、地涌金莲。张成泽对画瓷玫瑰、地涌金莲等"五树六花"情有独钟。他在创作的《地涌金莲》中题词："破土而出，直冲天宇，壮观大气，带有雄性阳刚之美，花朵硕大金黄，茎秆坚挺有力。岁在丁亥年冬月于西双版纳写生得此也。"张成泽在对地涌金莲进行写生的时候，盛开的花朵已经有败落的迹象。为了体现一种蓬勃向上之美，他就把地涌金莲画得更开放一点、更好看一点，显示出更加完美的画面。地涌金莲也结果，花凋谢之后，会结出像小香蕉一样的果子。张成泽后来在《地涌金莲》这幅画的上方加上一只飞翔的小鸟，整个画面就活起来了。

大自然养育着万物。大有大的雄浑，小有小的灵秀；细有细的微妙，粗有粗的旷达；平有平的意境，险有险的峻拔；柔有柔的韧韵，刚有刚的力度。正因为大自然的丰富繁杂，才有了五彩缤纷的大千世界。"青山看景知高下，流水闻声觉浅深"，博物能通天地人。宁静致远，妙语才会得真谛。张成泽在西双版纳写生，辛苦并快乐着。所谓辛苦，就是起早贪黑地画。第一次去写生，他们八人住在植物园里的研究生公寓，进园要买40元的门票，住在园里就可以免门票，写生也比较方便。住的时间长了，也不必八人一起出行，大家熟悉环境了，两三个人在一起写生就可以了。住在这里的缺点是吃饭问题不好解决。植物园里有好多退休工人，他们从年轻时就开始管理植物园，在这里栽树种花。这些工人经常在一边看张成泽他们画画。张成泽就问他们："这里有餐厅吗？我们在这里画画，吃饭问题不好解决。"一名退休工人热情地回答道："好办，你们如果不嫌弃，到我家去吃饭。"张成泽说："好啊，一天给多少钱？"他和退休工人谈好价钱，就应约到他家去吃饭。张成泽高兴的是他的画画技巧确实得到了锻炼，而且在西双版纳写生，沐浴在阳光下进行创作，他身体舒服，心情愉悦。大家白天写生，晚上回来把线描作品往墙上一贴，那种感觉好极了。有时候，大家互相观摩，也互相提提意见："这个地方还需要改动，那个地方还需要加点什么。""你这个地方画得有些拥塞，如果成画的话，还可以改变一些，删除一点东西。"……

1月28日，张成泽和几位同学乘坐植物园15座中巴客车到橄榄坝（傣家寨）采风，冯元民、张正恺没有随行，他们还在植物园写生。

1月29日，张成泽一行乘旅游公司的车去野象谷。据说野象谷有几百头野象。野象谷地处西双版纳国家级自然保护区、联合国教科文组织人与生物圈保护区内，距景洪市约22千米，是中国首家以动物保护和环境保护为主题的国家公园。西双版纳是亚洲象在中国的栖息地。位于勐养自然保护区东、西两片区结合部的野象谷，是生活在两片区的野生亚洲象交流汇集的中心通道。野象谷通过高空观象栈道、雨林观光索道、亚洲象博物馆、亚洲象种源繁育基地、亚洲象表演学校等多个游览项目，让游客得以在不干扰亚洲野象生活的条件下安全地观察亚洲野象及其生存环境，成为中国唯一一处人类可以与亚洲野象近距离交流的地方，被誉为"人类与亚洲野象沟通的桥梁"。

野象谷内自然资源丰富，是集生态旅游、科普科考教学、休闲度假于一体的综合性生态旅游景区。景区内沟壑纵横，树木茂密，一片热带雨林风光，亚洲野象、野牛、绿孔雀、猕猴等国家保护动物都在此栖息。1990 年开始以此地为中心修建以观赏野象和游赏热带雨林为主要内容的森林公园。这座森林公园于 1996 年对外开放，后又建有观象架走廊、树上旅馆、高空索道、步行游道等设施以及人工蝴蝶养殖园、网笼百鸟园等，是西双版纳众多旅游景点中的佼佼者。野象谷有我国第一所驯象学校，游人可观看大象表演节目。野象谷的野象大约有 300 ~ 350 只。平均 4.4 天有一群野象在这里出没、漫步、洗澡、嬉戏。野象以山上的竹子、野芭蕉为主要食物，偶尔也毁坏农作物。

张成泽他们在野象谷观看了大象表演，最有意思的是看大象给人按摩。空中缆车长度为两千多米，单程要半个小时，纵跨三座山峰、四条小河，冬天河中蛙声一片。缆车最高处离地面 120 余米，在缆车中远眺可以看到山山相连，一片葱绿。树丛中人群时隐时现，几乎全是观光者，只有一些年轻力壮的村民用竹子制作的步辇抬着游客上山下山。山上野藤盘绕，高者有 50 米左右，底部如水桶般粗。还有蟒蛇藤，弯弯曲曲盘绕着，有粗有细。到处可以看到大象的脚印和粪便。

1 月 30 日，张成泽一行八人结束了前后总共 15 天的写生行程。

一个有成就的花鸟画家，必须心藏飞禽走兽，把写生过的花卉鸟兽一一记住，逐渐变成胸中花鸟。历时 15 天的采风写生收获满满。开学后，八位

在野象谷

同学在教室展示了各自的写生作品，李魁正导师对他们进行了详细的点评指导，这激起了其他同学的写生热情。

　　"去的时间太短了，时间长一些就更好了！"张成泽在笔记中写下醒目的一行字，"目前尚未成功，但我永不言败。"西双版纳蕴藏着取之不尽、用之不竭的自然美。张成泽坚信，凭借对祖国、对民族的赤子之心，凭借对艺术的执着追求和虔诚之心，时时刻刻辛勤耕耘，终会硕果累累满枝头。

再赴西双版纳

西双版纳作为绘画艺术家写生创作的圣地，真的是名不虚传。15 天的写生经历让张成泽尝到了甜头，遗憾的是时间太短了，许多该画的尤其是该仔纸画的没有来得及画，他做梦都想再去一次西双版纳。

没想到，机会说来就来了。一天，张成泽和 20 多名同学正跟着李魁正先生上课，助教老师对同学们说："最近，我们要带着下一届学员到云南西双版纳去写生。"大家听到这个消息，反应各异。有的表示不参加，要在北京刻苦学习；有的则表示抓住机会积极参加。张成泽当即问助教老师："什么时候走？我们跟着行不行？"助教老师说："可以。"同学们相互商量，最终张成泽和冯元民、赵培基、樊寿、张真恺、梅军、肖剑七名同学表示将再赴西双版纳。

再赴西双版纳写生之行新加入的是以下四名同学：

赵培基，1951 年生于河北省，1971 年毕业于河北工艺美术职业学院，2006 年 9 月考入中国艺术研究院研究生院，中国美术家协会会员。他的《清香逸远》《荷塘之歌》《故园情》《冰融》等作品在中国美术家协会主办的全国美术作品展览中入选、获奖。

樊寿，1954 年出生于甘肃临洮，2006 年 9 月考入中国艺术研究院研究生院，临洮画院院长，中国工笔画学会会员，北京工笔重彩画会会员。他的作品入选中国美术家协会主办的首届全国线描艺术展。

梅军，女，2006 年 9 月考入中国艺术研究院研究生院，中国工笔画学会会员，北京工笔重彩画会会员。她的作品《爱莲说》获中国美术家协会举办的 2007 年中国画作品展优秀奖（最高奖）。她常说："我喜欢绘画的过程，虽然结果是朦胧而又未知的，但我依然对它充满了激情。"

肖剑，湖南省新宁县人，毕业于湖南师范大学美术学院，中国美术家协会会员，中国工笔画学会会员，湖南省花鸟画家协会秘书长，湖南当代中国画创作院副秘书长，湖南省美术家协会工笔画艺术委员会秘书长，中国艺术研究院研究生院访问学者，湖南省花鸟画家协会第四届主席团主席。他的艺术追求是："艺术源于人对自然的爱恋，绘画需要理与趣，理是道，趣是生活。"

再次进入西双版纳，是在 2007 年年底至 2008 年年初。张成泽他们班的七名同学早去一天，给大队人员打前站，做好衣食住行等后勤保障工作。张成泽一行七人到了昆明住下后，去昆明世博园参观了一下，接着又去了昆明药用植物园，尔后向李魁正老师汇报情况。李魁正老师很高兴，说："很好，你们还要到位于昆明东北角的黑龙潭公园再考察一下，看看那里的茶花开得怎么样。"张成泽等四名同学打车到黑龙潭公园，看到茶树高的有两米多高，一般的有一米半左右高，满园的茶花开得正旺，五颜六色的，有粉色的、红色的、紫红色的、白色的、米黄色的；有大花，也有小花，可谓千姿百态。当时，张成泽和同学们都没有来得及画画，只是拍了一些照片留作资料。张成泽向李魁正老师汇报道："茶花开得很好，但是离驻地太远，如果中途去太浪费时间。"李魁正老师说："没关系，等我们从西双版纳回来，再去这个植物园画茶花。现在我们直接飞往西双版纳。"

第二天，张成泽一行乘飞机从昆明市到景洪市，全程约 520 千米。在景洪市，他们租了一辆大客车和一辆中巴车，两辆车一起开往西双版纳。这次来写生的有 100 多人，有中央美术学院郭怡孮老师带的一个班，有中国人民大学美术系季瑞森老师带的一个班，还有广西艺术学院的一个班。

中国科学院西双版纳热带植物园，国家 5A 级旅游景区，位于中国云南省西双版纳傣族自治州勐腊县勐仑镇葫芦岛，是中国面积最大、收集物种最丰富、专类园区最多的植物园，也是集科学研究、物种保存和科普教育为一体的综合性研究机构和风景名胜区。中国科学院西双版纳热带植物园前身，经历数次重组、改隶后，于1996年9月经中央机构编制委员会办公室批准，定名为"中国科学院西双版纳热带植物园"，隶属于中国科学院。2017年3月28日，中国科学院西双版纳热带植物园被推选为"首批中国十大科技旅游基地"。

进入热带植物园的第一天，张成泽四处转悠选点，为第二天绘画做准备。当天中午，张鉴老师举行了一场欢迎会，并邀请李魁正老师第二天进行一个写生学术演讲。李魁正老师愉快地接受了。

第二天，李魁正老师为所有写生人员讲了一堂"关于线描写生"的大课。他讲道，线条作为一种艺术符号和表现手法，始终以其强大的生命力在中国绘画长河中发挥着不可缺少和不可替代的作用。写生创作时，线条要有粗、细、曲、直、刚、柔、轻、重的变化和对比。白描，以线条来状物写形，既有摹写客体的功能，又有自由发挥抽象的潜能。

李魁正老师说，写生是走向大自然索取物象的重要手段，是训练造型基本功的有效方法，也是表现客体的物理、物态、物情转换的真实记录。写生要注意把握六个要点：

整体观察。熟悉对象、寻找入画角度，从规律、特点、个性这些基本条件来分析感受对象，表现对象。

注重结构布局。根据选择的角度，把写生对象安排在适当位置。在将对象大的比例确定的同时，点、线、面的编排、组构和摆布，黑白灰的转换构成图示。

落幅定形。轻轻落笔，从整体出发，抓住大的形体比例关系及透视关系，从整体检查形体比例、形态是否准确无误。

局部肯定。在形态基本确定的基础上，从局部开始塑造形体，一般从离眼睛最近的部位画起，由外到里、由近及远，用准确肯定的笔触进行描绘。

整体调整。在作画时，应始终把握"整体—局部—整体"这一原则。局部肯定后继续回到整体，该加强的加强，该削弱的削弱，重点之处一定要刻画得细致入微。

记录色彩。把写生的作品转变为创作作品，须有高雅的色彩赋色，记录物象的原色也十分必要。

李魁正老师抓住要害，讲得深入浅出、生动活泼，讲清了写生要点和写生方法，清晰地回答了写生人员关心的问题，赢得了在场所有人的交口称赞。

写生过程中，张成泽看到李魁正老师身体力行，非常严谨，基本确定大形以后才开笔，关键部位与物体不象形即抹掉重来，边缘线往往采取"进三退一"的技法，结构线、转折线呈现出顿挫苍劲的力度美。一次，李魁正老师铺开一张3米多长、1米多宽的宣纸对尼古拉鹤望兰写生，他边讲边画，对于花朵的大小、花序的长短、叶梗的粗细、叶片的反转处处精心，并记下各部位的色彩。把画面立起，与物体对照，相差无几，张成泽内心感叹道："真乃好眼力，见功夫！"

在这次写生过程中，张成泽与热带植物园的职工都交上了朋友。这些人熟悉情况，能介绍很多真实信息，对写生有极大的帮助，所以，张成泽和他的同学们就利用吃饭的机会请他们讲一讲

《瑰丽》

写生中的注意事项。

与初次写生相比，第二次写生时张成泽更加严谨，真正走上了写生的成熟阶段。这一次写生前后共50多天，手头的功夫练出来了。经过两次写生之后，张成泽投稿中国美术家协会主办的全国美术大展的没骨画作品《瑰丽》《晨露》《幽情》《东风沐》连连入选，在全国美术大展中获奖两次，其中一次是最高奖，得到学术界认可。这四幅作品以瓷玫瑰为主题，采用没骨技法完成。张成泽看到瓷玫瑰以后，感到这种花是那么亮丽、那么美，所以对这种花画得多一些。在这之前，很少见到画家画瓷玫瑰。

瓷玫瑰生长在东南亚国家以及我国南部热带雨林地区，盛开如火炬，有粉色的、红色的、紫红色的，偶有白色的。构思没骨画《瑰丽》这幅画的立意时，张成泽就想，既然发现了一朵白色的瓷玫瑰，那么延伸思考一下，就会有很多白色的瓷玫瑰，就可以把写生过的那些红色的、紫色的瓷玫瑰都变成白色的瓷玫瑰，并让它们出现在一个画面里。这样画出的瓷玫瑰就与众不同了，花朵较大、色彩艳丽、光亮如瓷，不逊于牡丹花。没骨画介于工笔画和写意画之间，围绕着画瓷玫瑰的技法问题，张成泽进一步深思，他认为工笔画和没骨画一样要进行认真的写生，闭门造车不行。没骨画的主要特点是弱化线条，说是没骨，其实是有骨的。它是骨含其内，它的骨头隐含在花形里，比较坚挺，从遒劲中出姿媚，于纵横处见洒落。这样画的好处是画面比较雅致，水墨洇渍的边缘线自然随意，渍线若隐若现，很有写意的韵味。如果勾画得细致一点、纤细一点，那就成了工笔画。国画大展前，张成泽恰有几幅瓷玫瑰的写生稿，他把这些写生稿简单整理了一下，创作了六尺的《瑰丽》。此作以暖色调为主，花团锦簇，色彩变化微妙，斑驳的肌理、淡淡的背景、统一的势向尽显植物的茂盛；在技法上，既有精雕细琢之处，也有写意技法的痕迹；整观有一种富贵之气、和谐之美，令观者眼前一亮，进而被它的美所折服。

瓷玫瑰茎秆劲挺，叶片飞舞舒展，花絮多姿多彩。张成泽创作的没骨画《晨露》，以他仅见到的一朵白色花朵为主题展开，共有三十余个花头，有全开的、

《晨露》

半开的、含苞的，五个饱经风雨的果实挺立其间，两只小鸟窃窃私语，阳光在晨雾中若隐若现，夜露打湿的叶片自然下垂，呈现出一片生机勃勃的景象。《晨露》采用没骨技法完成，整观现出一种高洁淡雅、从容自然、从传统花鸟画走向现代花鸟画的渐变气息。张成泽在画面题款中写道："圣之花，清艳拂云，风姿绰约，千古风流；橡之杆，拔地腾空，刚劲坚挺，铁骨铮铮；叶之摇，潇洒烂漫，咏词歌赋，韵致超逸；锤之果，簇拥紧聚，勇士临敌，无坚不摧。"此画投稿于 2007 年全国中国画大展，获得了此届展览优秀奖。

张成泽第三次投稿的没骨画作品《幽情》，入选"和谐家园"全国工笔画作品展（由中国美术家协会、辽宁省盘锦市人民政府于 2008 年 7 月共同举办）。《幽情》这幅作品是六尺的没骨画，画面是在滇南的梅雨季节，三只处于豆蔻年华的孔雀隐在瓷玫瑰丛中，多情地嬉戏，两只雌孔雀依偎在雄孔雀的身旁并帮其梳理羽毛，它们进行着情感交流、和睦相处。瓷玫瑰叶片在风中摇曳，沙沙作响，几组竹叶掺杂其间更显画面丰厚，瓷玫瑰花朵泛着银光与孔雀的素羽毛相呼应，地面泥土芬芳、小草茵茵，远处透着微亮的背景光。此作品有一种拟人化的笔墨情调，雍容幽雅，令人过目难忘。其中一只变异孔雀的脖子、翅膀、背部、腹部都是白色的羽毛，颈部等其他地方有孔雀蓝的色彩。这只变异的孔雀来自北京陶然亭公园，是张成泽在中央美术学院学习的时候，在北京陶然亭公园写生时留下的宝贵资料。这幅画为什么叫《幽情》呢？两只雌孔雀深情地望着一只雄孔雀，画面的下部还画了一道斜坡、一些草丛，作为衬托。从透视角度看，《幽情》整体带着一种斜照光线，光源从左上方往右下方引向三只孔雀。这种光叫暗光，从实物的后边照射。还有一种光叫明光，从实物的前面照射，把前面的实物虚化掉。这种技法相对要难一

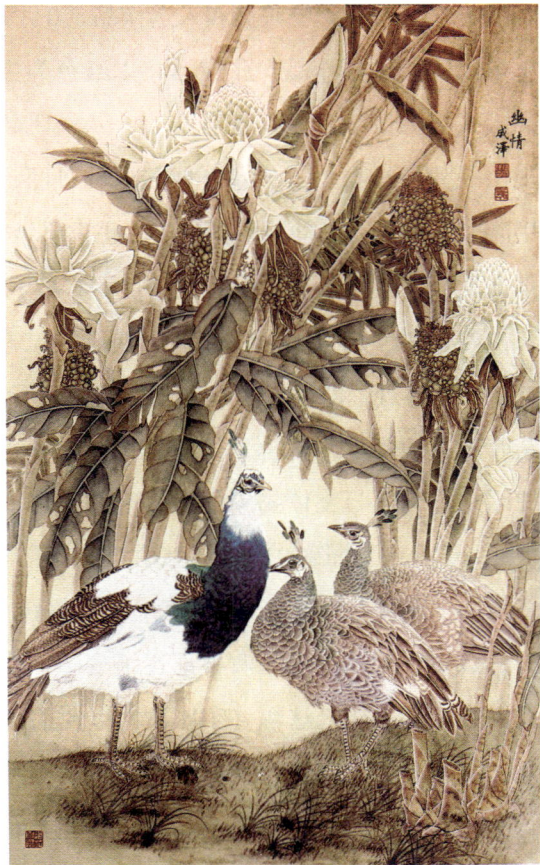

《幽情》

点，因为前面的画面虚化不容易画。这幅作品充分展现了当时张成泽最高的绘画水平。正如著名美术理论家刘曦林先生所说："没骨者，非无骨也，虽不勾勒，然仍需从心源、依骨法用笔，以书意入画更臻上乘。没骨者重布彩写生、写心，原为花鸟画之一门一法。今之没骨画家颇多，且能将其扩及人物、山水；或又糅入泼彩甚至西画技巧，叠色渍染，妙趣无穷，个性殊异，创中国画之新途。"

张成泽第四次投稿的没骨画作品《东风沐》，入选中国当代花鸟画大展（由中国美术家协会、江西省文学艺术界联合会于 2012 年 1 月共同举办）。这次

全国美术大展共评出获奖和入选作品300件，有工笔画，有没骨画，也有写意画。《东风沐》这幅作品，张成泽将以红色为主调的瓷玫瑰画成了淡黄绿色，茎秆挺拔清健，杂草中散落着花瓣，八哥飞舞于天空，落日余晖映红天际，呈现出一片生机盎然的景象，尽显风和日丽，自然清爽，耐人寻味。其背景采用渐变的色彩点染冲渍。整观作品庄重典雅，曼妙自然，古典之风扑面而来。画面是一丛淡绿色的瓷玫瑰，左上角飞着一只八哥鸟。这只鸟由于没有参照，勾拉勾拉就画出来了。这只鸟用的还是工笔技法，因为这只鸟很小，用没骨技法很难体现。即便体现出来也很模糊，不清晰。而花卉（包括花朵、花秆、花叶）和地面上的草丛，依然是用没骨技法画出来的。这幅画给人富丽堂皇的感觉，背景与主体物象配合起来非常和谐。从透视的角度看，画面光线是顶光，从上往下照射。从色彩上说，花头基本扩型后，先薄薄地铺上一层白粉，然后再用花青、藤黄调出淡绿色，之后慢慢点染。画到边缘部分也可以接染。所谓接染，就是靠近花瓣根部逐渐变暗，体现厚重，边缘部分亮丽，切实合乎自然色彩规律。这幅《东风沐》堪比前面几幅在全国美术大展获奖和入选全国美术大展的作品，其立意造型、画面设计、颜色搭配都有独到之处。画面中淡绿色虽然在自然界中没有，但让人看了感觉有自然的东西，符合绘画常理。

　　牛吃草挤出的是奶，蜂采花酿出的是蜜。张成泽师自然、师造化、师名家，立足于"各有灵苗各自探"。艺术是主体和客体结合的产物，是人与自然交融的晶体。他在西双版纳写生的花草树木、飞禽走兽，无不打上个人深深的印记。因为张成泽在西双版纳写生取得的突出成绩，2018年出版的《中国热带雨林绘画艺术·线描写生卷》（主编张鉴）选用了他的四幅线描写生作品《雨林蕴幽》《红化芭蕉》《露兜树》《波罗蜜》。《中国热带雨林绘画艺术·线描写生卷》特意用截图的方式展示了《波罗蜜》这幅线描写生作品的局部画面，这些画面细腻、逼真，别具一格。张成泽的这些作品在《中国热带雨林绘画艺术·线描写生卷》中排在上卷的前边。可见艺术大师们对张成泽作品的认可。

当时国家已经举办了五次线描艺术大展，多数是由李魁正老师发起，由中国美术家协会具体组织实施的。

高徒的作品在不到半年的时间内屡屡在全国大展中获奖，也让李魁正老师心花怒放。当时，全班同学共获国家级奖项12次，其中包括张成泽2次获奖（"齐白石奖"和2007年全国中国画奖）。李魁正老师特意让其助教把创作班学员在全国获奖的作品集中起来，制作了一个教学投影片，供各位老师讲课时选用。李魁正老师每逢到各大院校讲课，就首先把这个教学投影片放一下，把弟子们获奖的作品的图片展示一番："你们看，没骨画在中国画坛能不能撑得起来？仅我们花鸟画工作室2007届学生画的没骨画，就有这么多在国家级展览中获奖！"时任中国艺术研究院院长的王文章说："你李魁正真不简单，一年就带出这么多获国家级奖项的画家，你的功劳很大！"

当然，也有人感到惊奇：张成泽怎么一投稿就获奖呢？入选国家级展览何其难！泱泱华夏绘画人才济济，中华画坛不乏骥子凤雏。芝兰玉树，跃跃欲展者成千上万，投稿者很多，而国家级展览一次展出的稿件一般是260幅左右。入选作品多是千里挑一，而获奖作品则是万里挑一。所以，班里同学的作品入选国家级展览并获奖以后，中国艺术研究院研究生院李魁正花鸟画工作室的所有师生都感到像过节一样，无不用多种形式热烈祝贺一番。

李魁正老师教得好，他的弟子们也给他长脸。他们这些作品不是省、市美术家协会等官方组织推荐的，而是自由投稿，画稿投到中国美术家协会后，人家一看，眼睛一亮，这说明他们的画作已经和一般画家的画作拉开了距离。中国美术家协会组织的展览每年仅有数次，况且不仅有中国画，还有油画、漆画、水彩画等。有的时候，中国画展览和油画展览在一起办。中国美术家协会收稿、审稿，将好的作品留下展览、评奖，不行的退回。只要作品入选，就能获得中国美术家协会积分1分，获奖则得3分。张成泽两次获奖得6分，两次入选得2分。加入中国美术家协会的条件是9分，他们要求很严，包括理论文章要在国家级美术杂志上发表等。

到西双版纳跟着李魁正老师写生，是张成泽一生中最认真的一次写生，也是思考最多、最深刻的一次写生。李魁正老师讲了写生的要领，比如怎么选择写生的地点、景物，怎么先画近处的景物，再画远处的景物。张成泽开始写生的时候，没有注意到远近区别这一点。比如画葡萄，张成泽总是先把一串葡萄画下来，然后再外推。李魁正老师写生就不一样了。比如，他画葡萄，先选三五粒画下来，这个地方用铅笔勾勒出葡萄串的样子，然后再画别的。这样就容易整体把握布局。相反，如果把一串葡萄画好了，再画别的，最后就容易出现这串葡萄不是显大，就是显小的情况。李魁正老师写生很认真，对学生要求很严格。当时，在西双版纳跟着李魁正老师写生的学生很多，李魁正老师就怎么写生问题，在理论和实践的结合上给大家进行了详细的讲解和说明，对大家掌握写生技巧有很大的帮助。

张成泽感觉自己的写生和创作好像被艺术家们推着走。同学们在一起写生，有一种你追我赶的浓厚氛围。写生期间，每隔一天进行一次集中展示。经过40余天的辛苦写生，大家各自收获颇丰，写生水平有了质的飞跃。在中国科学院写生基地的会议室里，同学们的绘画作品被用铁丝挂起来，偌大的空间里挂满了各种植物的写生稿。李魁正老师逐幅作品进行点评，哪个地方需要改动，怎样画会更美，他都一一指出来，既肯定成绩，也指出不足，明确努力的方向。同学之间也相互借鉴，互帮互学。蓦然间，张成泽和他的同学们都发现，自己的作品和以前大不一样了：一是画得更精准了，二是线条更有力度了。线条的跳跃感、力度感、顿挫感都显现出来了。过去，一条线一下子就画下来了，现在不是了，画线都是顿顿搓搓地走，产生了一种力度美。打点、画线都发生了变化，他们真正做到了"点像高山坠石一样有力量，线条就像九天雨滴冲在墙壁上一样产生流滞感"。

"会看的看线条。"这是绘画艺术欣赏上的行家之言。纵观张成泽在西双版纳画的一摞摞写生稿，可以发现他笔下线条的变化，可谓与时俱进、波澜壮阔，由生疏拘谨到自由奔放，由光晕到粗犷，由袒露到含蓄，由单纯到千变万化，简约而不单调，如虫蚀木，如锥画沙，收放组合，参差交织，纵横自如，奇趣迭出。他别出心裁，把许多花朵的轮廓线虚化了，其实是像西洋画一样，画的是投影，线条由细到粗，受光面用细线，有阴影的一面用粗线，有的地方受光，有的地方投影，笔墨转折，画出的是很完整很有变化的线条。张成泽的绘画生涯虽然是从写意开始，但他对工笔流派的精华也是尽情吸收，并化为己有。他把工笔与写意、没骨三种画风融为一体，工笔中有写意、没骨，没骨中也有工笔和写意。他的花鸟画既吸收了八大山人的墨韵，又有强烈的宋人工笔的写实风格，还继承了恽南田工整秀美、色调清新、清丽淡雅的画风。写实与写意，粗犷与细致，奔放与温情，在没骨画中有机地统一起来，给人以沉重含蓄的特殊美感。张成泽极为重视线条的运用，他说，中国画的基本特点是线条，在谢赫提出的绘画六法中，最受重视的就是"骨法用笔"。张成泽在《怎样欣赏中国画》一文中，重点阐述了"骨法用笔"。谢赫是南齐画家和理论家，他提出了绘画六法，其中，"气韵生动"讲的是艺术效果，"骨法用笔"讲的是表现方法和技巧。"气韵生动"首先也是靠用笔。体和面主要表现物的空间存在，而线条则擅长表现运动。不以表现立体光影取胜的中国画，必须发挥线条的力量。线条不仅能表现对象的质感、神态和动向，还能表现人物的性格和作者的感情。

　　张成泽和他的同学们一口气在西双版纳画了40多天。在这期间，他们更多的时间是离开老师，独自去写生。西双版纳热带植物园很大，可供写生的内容丰富多彩，他们有写生花卉的，有写生树木的，也有写生飞禽走兽的。西双版纳热带植物园一年四季都有花卉盛开。但是4月份以后在西双版纳写生就比较困难了，因为这时西双版纳已经进入梅雨季节，经常下雨，非常潮湿，不方便写生。每年的12月份、1月份是写生的最佳时机，中国北方天气寒冷，人们身穿棉袄时，西双版纳还很温暖，人们穿个毛衣就可以了，但稍不如意的是，画板上经常被洒上鸟粪，如果在现场画大画，就需要弄一块雨布盖上。张成泽写生的工具主要是铅笔、钢笔等硬笔，有时也用毛笔。他主要画线描稿，不带彩墨，也不带颜料。他有时先用铅笔粗略地一勾，晚上回到宿舍以后再用毛笔细致地勾画，进行二次加工。因为在现场万一用毛笔勾画错，就很难纠正，而用铅笔写生好修改。张成泽感到，二次加工也是一次很好的学习和创作的机会。当然，二次加工时不会对画作大部分造型进行改变，只做小部分调整。写生总有不满意的地方，花卉虽美，但一些叶子、茎秆太直，必须要变。变得倾斜一点，就会有力度，就会有美感。就像舞台上演员表演节目一样，老是站在舞台上立正，没有多少意思，只有举手投足，眼睛向某一个方向望去，舞台效果才会更加饱满。其实画画也是一样的，要有意识地让花卉的枝干变一些角度，将原先用铅笔画的线条擦掉。

此间，在昆明世博园、西双版纳热带植物园、雨林谷、昆明药用植物园、傣家村寨、爱尼古寨、野象谷等地，张成泽记录了很多美不胜收的景物。

张成泽认为，朴实是最重要的，它标志着作者对客观对象的感受能力。朴实也可作为评判一幅作品的标准。朴实的另一层意思包含着"不概念化"，表现真实的感受就是朴实。不计功名、大量地画，才自然、朴实。当然，将热带雨林植物园的各种花卉完全写生下来，是根本不可能的。因为时间是有限的，而热带雨林的花卉品种足有五六千种。即便是在热带雨林常年工作和生活的那些植物标本画家，也只是画那些比较出众的，比如花型比较美的、花朵比较大的、一些有特点的花卉。

张成泽在两次重要的写生中，与西双版纳热带植物园研究植物的画家何瑞华、陈文友成为知心朋友，他们无话不谈。何瑞华、陈文友画作很多，尤其是写生，但多是线描，上彩的画作不多。开始，张成泽及其他同学和何瑞华、陈文友一起吃饭。饭后，何瑞华邀请张成泽和其他同学到家里做客。曲径通幽，丛林深处，何瑞华的家展现出一种艺术美，灰瓦白墙，雕梁画栋，令人向往。何瑞华热情招待北京来的客人。他家里四周的墙上贴满了一幅幅五彩缤纷、令人惊叹不已的作品。何瑞华的房子只有两间，他自己居住，其夫人和孩子都住在昆明。他只身常年在热带雨林工作。何瑞华指着墙上的线描作品，自豪地对朋友们说："前天还是四条屏，今天已经是六条屏了。将各种植物用一根线，中国人的线，把它们——表现出来。这不仅是自然之美，而且是艺术之美。这是顶着烈日写生的结晶。"

西双版纳天气比较热，平均气温达到26℃。那里有条罗梭江，进热带植物园要经过罗梭江，罗梭江江面大约有百十米宽，上面有一座浮桥，罗梭江北岸就是勐腊县勐仑镇。

在云南西双版纳，水是神圣的。张成泽他们这些画家聚会时只要有个领头的拉着长音一吆喝："哥——哥——"其他人就跟着呼喊："水水水，水水水，水水水……"尤其是人多的时候，这种呼喊声令人震撼。

在西双版纳随处可见酒的踪迹，酒是西双版纳人民生活中的必需品。在傣族人民居住的地区，逢年过节，人们都要聚在一起，桌上摆着各式各样的傣味佳肴和美酒。大家喝酒时一起喊着"水水水"，意思就是"干杯"。场面尤为热闹。热情好客的西双版纳人民会用酒盛情款待四海来宾，这体现出全国人民的团结友爱。

2008年1月1日晚，李魁正老师的新生班举办新年晚会，由威海籍学员张弘主持。自导自演的文艺节目丰富多彩，有舞蹈、清唱、抢椅子、多人传话等节目。"李老师来一个——李老师来一个——"在大家的呼声中，李魁正老师高兴地走上台，唱了一曲京戏。他音质高亢圆润，唱得十分动听。同学们没想到导师还有这一手。

在西双版纳写生期间，张成泽与同学之间不仅互相借鉴，而且注意取长补短，共同提高。

张成泽的同学王元友创作的一幅作品《女孩》，在全国美术大展中获得银奖，其中就有张成泽的功劳。这幅画原来的照片是张成泽拍摄并提供给王元友的。一天，张成泽正在云南和缅甸接壤的一个村寨写生，突然看见一个八九岁的小姑娘，她嘴里含着一根小草棒，蹲在一棵大榕树的树根上，胳膊挽着大榕树，正在看他画画。张成泽一看太美了，当时就用照相机把她拍摄下来。

在校学习期间，张成泽和王元友同住一室。回北京后，王元友问张成泽："到西双版纳采风有什么收获？"张成泽说："收获不小，有张照片或许对你有所帮助。"说着，张成泽就把小女孩的照片拿给王元友看。张成泽说："元友，你擅长画人物，如果按照这张照片去画，肯定能画出精品。"接着，张成泽又把在北京植物园拍摄的南瓜照片拿给王元友看。结果，王元友把这些画面组合起来，用没骨技法创作出了中国画《女孩》。这幅画不大，尺寸为83厘米×112厘米，被投稿到中国美术家协会以后，最终在第二届"齐白石奖"全国美术展览中获得了银奖。不仅是这一幅，王元友借助这个画面，还画了一幅水彩画投稿到中国美术家协会组织的其他展览，同样入选。王元友对张成泽提供的照片资料非常感激。

王元友，1956年生，山东青岛人，毕业于中央美术学院壁画系硕士研究生班，中国艺术研究院访问学者，青岛市壁画协会主席，清华大学美术学院主办的"美术理论研究与书画创作高级研修班"导师，中国美术家协会会员，山东美术家协会会员。传略入编《山东美术家大辞典》《山东美术全书》《世界书画家大辞典》等。1991年在青岛栈桥举办个人油画展。王元友谈创作体会时说："要想强壮自己就要多锻炼，增加各种营养，不可偏食。画亦如此，心灵美，方可创造美。"

对此，李魁正老师评价说："王元友的工笔没骨画透射出他在色彩方面的突出造诣和普通花鸟画家所不具备的造型功夫。他有油画的基础，因此他的作品往往能将物象的造型体量、结构转折、色彩的冷暖关系变化表现得淋漓尽致。我赞成王元友发挥在人物画中所学的技法，艺术家不必拘泥一脉一式，更无须在意所谓的师承面貌。他的毕业创作《女孩》将人物和瓜果置于同一画面，用色斑斓剔透，尤其是对瓜果、竹篮的处理，笔触轻松富有活力，杂入光影和环境色，恍如法国印象派的外光写生，又有现代没骨画与重彩画的华彩晕章，冲撞、混合、点彩之间颇有没骨艺术的精髓。"

清华大学美术学院在青岛办现代没骨画高级研修班时，王元友聘请张成泽、汤琦为导师，讲授没骨画。

在张成泽看来，绘画也是一种社会责任。他不愿意把绘画仅仅作为一种重复自己、重复别人的消遣，更注重表现自己内心深处的真切感受。生活中的张成泽不善言辞，谦逊朴实，而艺术上的张成泽十分睿智，广采博纳，对艺术的情感是忘我的。他在创作中重视艺术理论思考，不墨守成规，始终走在探索的路上。他的作品韵味独特，把观者领进了一个意态生动、沉雄稳健的艺术境地。2007年10月，《中国美术》杂志第10期刊登了张成泽创作的一幅作品《瑰丽》，也就是获"齐白石奖"的那幅画。这本杂志印数很多，在全国画坛影响很大，在这本杂志上刊登作品很有意义。画作发表以后，画坛许多同道，包括张成泽在山东画院、山东省美术家协会的好友纷纷来信来电表示祝贺："张成泽，祝贺你，你的画被收进《中国美术》杂志了。"张成泽说："是吗？我没注意。"不久，《中国美术》杂志的编辑就给张成泽打电话："张老师，请把您的地址发给我，给您寄两本书。"张成泽问道："寄

清华大学美术学院现代没骨画高级研修班部分师生合影

什么书？""《中国美术》杂志里刊登了您的一幅作品。"结果，真给张成泽寄来了两本杂志。张成泽创作的没骨画作品《晨露》获中国美术家协会主办、江苏省盐城市人民政府协办的 2007 年全国中国画作品展优秀奖，即本届最高奖。这幅作品后来被拍卖，价格是 28 万元，之后便被收藏家收藏了。

张成泽在西双版纳热带雨林写生时有一种激情，因为这里花卉奇异，在我国北方见不到。作为一个北方人，张成泽很少来西双版纳热带雨林，于是他有一种来到陌生世界的新鲜感、新奇感。他拿出自己的写生稿以后，有很多人都感觉画面很美，但就是不认识写生对象。这作为写生的一种奇特经历，让张成泽感觉很有意思。

怎么认识美？怎么发现美？怎么发掘美？怎么用造型艺术展现这种美？经过到西双版纳再次写生，张成泽感到这些问题都有了初步的答案，也获得了说不尽的好处——写生锻炼了眼，锻炼了手，锻炼了思维，锻炼了写生出自然的真和美的能力。一次写生的线描作品可以发生万千的变化，可以变成油画、水彩画、水墨画，也可以变成工笔画、没骨画、写意画。所以，张成泽认为，对一个画家来说，写生是非常重要的。这也是徐悲鸿在中央美术学院引进素描的初衷。然而，直到现在有些人还在反对素描，说："中国画用得着素描吗？"其实，素描是绘画训练的一种科学手段，是符合绘画自然规律的一种有效途径。画面的明暗关系、透视角度、光影光感效果等，素描都能很好地体现出来。一个画家熟练掌握了写生技巧，脑子里装进了写生思维以后，他创作出来的画就不会俗气，就会既有传统感又有现代感，更具魅力。

绘画作品是要经过大众检验的。好的作品具有启迪观者美感、焕发精神力量、摒弃颓废思维的作用。一幅优秀作品的诞生并不容易，它融合了诸多因素，如个人想法、笔墨关系、美学观念、自然关照、有无寓意、教育作用等。绘画最难的就是造境，画好一花一鸟、一木一石不是难事，可是要把各种元素合理调度、完美组合，同时形成一种令人遐想、生发情境的气氛并不容易。张成泽很早就意识到，艺术创作绝不仅仅是一个再现客观的过程，而是一个主观与客观相统一的过程。早在一千多年前，东晋著名画家顾恺之就提出了绘画要"迁想妙得"的主张，指出艺术家在体察、认识、表现物象的时候，必须要经过自己头脑思维的迁移、想象、升华、顿悟，才能有所妙得。

自家笔墨自家诗

　　中国画博大精深，源远流长，融诗、书、印于一炉。宋人邓椿说："画者，文之极也。"更有人云："诗中有画，画中有诗。"尽管诗只是对画的一种补充，不是画的说明书，更不能以诗代画，张成泽却始终重视画中意境与诗句的天作之合，让自己的诗与画达到浑然一体的感觉。他在绘画艺术中流露出来的热情与才华，多是他用笔墨的独到之处和画自身蕴含的意境显现出来的，但也用诗句作深入阐述和解释。他笔墨的节奏感与丰富的想象力，使他的画作具有强大的生命力。他画水有声，画竹有风，画山有灵，画人有情，真正做到了"诗画本一律，天工与清新"。

　　张成泽几乎所有的画都有题画诗。这些诗不仅是画的组成部分，使画面在构图上更具美感，更重要的是张成泽能够通过这些诗托物言志，更深刻地表达思想和抒发感情。例如，他在《葡萄》的题画诗中写道："唯有品尝真解事，生时酸苦熟时甜。"他通过葡萄从开花结果到果实长大成熟这一过程，来表达只有历尽酸苦才能得来甘甜这一人生哲理。张成泽在葡萄园内看到农民丰收的喜悦和串串五颜六色、晶莹剔透的葡萄，创作灵感迸发。

　　请看他写的以葡萄为主题的题画诗：

《葡萄》

望海潮·葡萄沟

火焰山下，如蒸似烤，炽热四处泥沙。西侧峡谷，绿色丝带，火州暗扶丰华。雪山注水流，润泽十里翠，情思交加。景观神奇，天赐丰盈到人家。

棚架葡萄满挂。串串滴玉露，野蜂吮哑。酿得琼浆，晶莹剔透，酸甜任君评差。晾房遍地斜。张骞使西域，时见果佳。移栽汉土，精心培育遍天涯。

注：火州，葡萄沟别称。

《苍架缀明珠》

眼儿媚·葡萄

昨夜架上染微霜，秋夜压梦长。藤蔓虬曲，紫珠滴露，野蜂正忙。古贤写来品意高，意追温和尚。饥渴充盈，入口清心，玉液琼浆。

《飘香》

墨笔葡萄

醉汁甜醇露，

入口飘奇香，

情深结厚谊，

惠泽永呈祥。

题葡萄一

佳果酿酒玉液甘，
琼浆入口似成仙。
低声吟唱酸苦歌，
狂笑世间懒占贪。

题葡萄二

紫玉乳圆染秋霜，
水晶珠粒滴琼浆。
人间收获靠勤劳，
贪腐之风把民伤。

　　从张成泽的画里，我们能感受到诗的存在，花卉林木、飞禽走兽、山水瀑布都是诗，他把立意和画魂通过诗传递给我们。而立意和画魂正是画的核心。张成泽的诗画来自大自然，以巧妙的艺术手段真实地反映了大自然的美丽和壮观；张成泽的诗画来自社会生活，以独特的语言艺术表现了时代的声音和呼唤。事实告诉我们，过去的理论和实践都不能代替创造，一位真正的美术家必须是他自己所处时代的表现者。张成泽时刻关注客观物象的生命力和客观物象生存环境的变化，他主张绘画创作不能只注意技术性的东西。技术是技术，思想是思想。他认为要强调自己的绘画语言，突出个性，实质上是体现自己的思想。张成泽的诗画，不仅反映出他的技艺高超，更反映了他"笔墨当随时代"的情感以及人民大众的立场和冷暖疾苦。

　　从张成泽的绘画作品中，我们可以看出他没有因循守旧的保守思想，不是用陈旧的笔墨表现生活，而是使自己的诗画艺术和时代息息相通，使自己的血管和祖国的血脉相连。正因为他对"笔墨当随时代"的独特理解，他的诗画艺术才有着丰富的美学内涵，才能够让观赏者产生发自内心的共鸣。此外，他的作品构图奇特，布局周密，诗情洋溢，这使他的诗画处于动静有致的状态之中，静中有动给人以活泼，动中有静给人以安稳。

　　这诸多艺术因素，使得张成泽的诗画不是冷漠的，而是热情的；不是消极的，而是进取的。这些诗画中有对火烧圆明园、同胞死于烈火的哀号和怒火，有自己的亲人被掳为一战华工背井离乡在异国他乡流血流汗的国仇家恨，还有抗美援朝的中华儿女不畏强敌浴血奋战的荡气回肠。恰如他在以下题画诗中所言。

水龙吟·铭记国殇

　　华夏江山悠悠，晚清衰败如雨骤。清廷夏宫，气势宏伟，瑰宝铸就。金砖碧瓦，雕梁画栋，古树岸柳。东方古建筑，人民智慧，屈指数，世独有。

　　庚申多难悲秋，英法军舰炮黑枪口。侵淫抢掠，盗窃珍宝，殃及国瘦。三天大火，灰烟蔽日，炙烤时候。满地躺尸首，国殇民怨，帝王哀愁。

华工登船前往法国

一战华工

沁园春·一战华工
——参观一战华工纪念馆有感

　　大战爆发，数国被卷，千里狼烟。望欧洲战场，尸横遍野，满目疮痍，生灵涂炭。田地荒芜，流离失所，国破民众似火煎。树正义，看中华男儿，以工参战。

　　疆场搏杀多难，引英法人民称好汉。惜手中武器，难敌对手，刀劈斧砍，敌人胆寒。壮士无畏，洒血流汗，只献身躯赴国难。俱往矣，数华工矩阵，兵超十万。

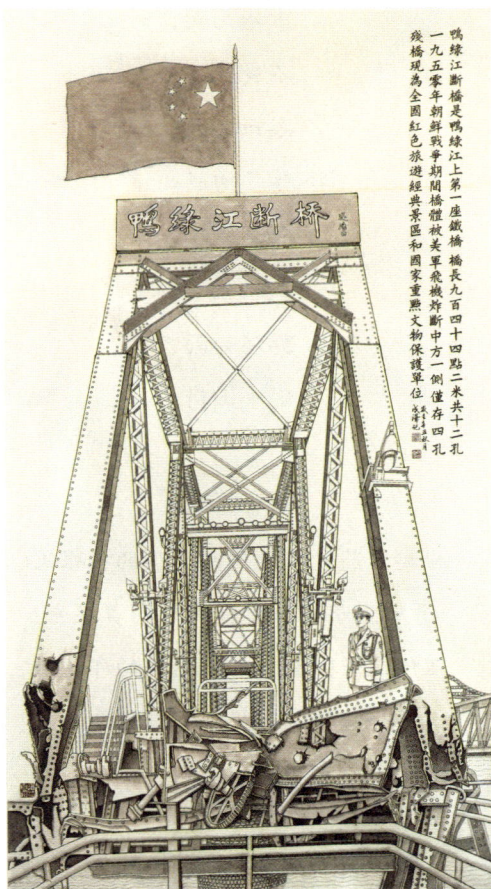

鸭绿江断桥是鸭绿江上第一座铁桥 桥长九百四十四点二米共十二孔 一九五零年朝鲜战争期间阎桥体被美军飞机炸断中方一侧仅存四孔 残桥现为全国红色旅游经典景区和国家重点文物保护单位

《鸭绿江断桥》

走在鸭绿江断桥上

走在鸭绿江断桥上，
触摸着弹孔和断裂的钢梁。

仿佛听到：
"雄赳赳气昂昂，跨过鸭绿江……"

中华儿女，

不畏强敌；

浴血奋战，

荡气回肠。

敌军钢众，

战机狂炸，

弹泻如雨，

削平山岗。

似曾看到：

抱起炸药包与敌同归于尽的杨根思，

开辟血路挺胸扑向火舌的黄继光！

埋伏前沿强忍烈火被燃烧的邱少云，

视死如归的英勇将士气若虹志如钢！

正义之师，

立国之战，

把联军重创。

从此国之安宁，

军之威武，

民之安详。

　　文有鼓点，让人心颤；诗有佳句，令人眼新。作为花鸟画家，张成泽的山水诗画亦有独特的美感，其"梦境山水""山水心象"有着从现实到冲动再到绘画的艺术转换；其章法、用笔、画境，山石草木、烟云溪亭，都有强烈的自家面貌，迥异成法。花卉的枝叶、饱满的蔬果、盎然的虫鸟等尽是深刻动人的元素，种种爱意和诗意洋溢其间，纯真又清新。他认为，真正的诗意，是对生命与自然韵律的深刻感受，是对生命与自然源泉的认识。这不仅是画家，而且是所有艺术家都必须具备的精神素质。

张成泽的笔墨里有一种胸襟开阔、不同凡响的滋味，那香山红叶、千年古刹、群泉涌清流流露出他心底对自然的崇敬，他倾注的浓郁深厚的情感更显出他对"怡情忘我"心境的向往。在他的诗中既有"展纸笔墨写景色，神留归梦抒心胸"的雅趣，也有"威立护人烟""切记莫作恶"的警示，还有"不负人间愿，境界攀升"的向往。

《霜染红叶》

七律·香山写生

高秋香山正西风，

飞鸟缩颈羽蓬松。

寒气催霜压碧枝，

枫林黄栌丹染红。

展纸笔墨写景色，

留神归梦抒心胸。

且把情愫留山间，

待日再来写雪冬。

《古刹梵音》

满庭芳·灵岩胜景

南倚泰岳，青山环抱，居首名刹灵岩。宝塔高耸，威立护人烟。千佛殿聚灵气，泥彩塑，活灵活现。朗公石，身披袈裟，策杖行山巅。

香火不间断，皇家庶民，来寄修缘。切记莫作恶，长近尊前。古碑残垣断壁，拱门上，青龙盘旋。墓塔林，晨钟暮鼓，高僧长卧眠。

《松云春秋》

满庭芳·五峰仙境

泰山支脉，平地隆起，五峰并峙苍穹。古柏列阵，烟霞蒙葱茏。漫步道教圣地，皇宫门，恭立送迎。观殿阁，气势宏伟，尽显古朴风。

群泉涌清流，波翻珠滚，浸润长空。轻敲五音石，悦耳动听。鲁班祠隐仙洞，彩带舞，山鸟飞惊！仰首望，百级台阶，登高览胜景。

沁园春·泰岳吟

齐鲁大地，黄河之阳，横卧泰峰。观云海玉盘，旭日东升，金光破雾，举目千重。碑壁石刻，松柏映翠，殿阁云桥唱大风。经石峪，榜隶金刚经，千古神功。

泰山如此娇容，引帝王封禅霸业峥。如置身仙界，飘渺似梦，白云覆地，霞光耀空。五岳独尊，风景无限，山登绝顶我为峰。石敢当，不负人间愿，境界攀升。

鹧鸪天·十渡

梦里江山一念孤，春风习习赴十渡。经年执着染丹青，半世蹉跎篝火舞。

孤山寨，经典书。踏遍峰巅寻美图。一早进山逢细雨，山野枯林隐画夫。

酷爱绘画的艺术家，往往矢志不渝，历经人生苦旅和精神跋涉，寻求艺术的真谛。张成泽走上此路，怀着一颗敬畏之心去理解和欣赏艺术。他研习传统，兼收并蓄，循序渐进；师从高手，扬弃糟粕，直追经典；亲近自然，外师造化，捕捉大千世界之美，"笔绘自然，星耀长空"。为写生，张成泽三赴云南西双版纳，"写五树六花，莫让冬闲却"。正如他的导师李魁正所说："张成泽以花鸟画见长，近几年他把主要精力投向了没骨画的研究和创作。几次云南写生使他对花鸟境界有了更加感性的认识，他对瓷玫瑰、地涌金莲、海芋、火焰花那美丽的色泽、挺拔的姿态情有独钟，画了一系列以此为题材的花鸟画作品。"

"不辜负，版纳风物。"张成泽情之所至，创作了一些动人诗画。

八声甘州·赴版纳

记版纳写生滇缅侧，一番春景色。恰正月风歇，千里披绿，百花宣泄。满目红妆艳裹，苍茫天地合。热带雨林里，蒸腾露谢。幸有大树遮阴，阳光照寥廓，江天澄澈。写五树六花，莫让冬闲却。愿此行，更多收获。盼金秋，枝头挂硕果。不辜负，版纳风物，丁亥之约。

注：五树六花，五树指糖棕、菩提树、高榕、贝叶棕、槟榔，六花指缅桂花、鸡蛋花、荷花、文殊兰、黄姜花、地涌金莲。丁亥年2007年。

沁园春·观石林

亘古沧海，水退林立，巧夺天工。喀斯特地貌，奇石嶙峋，千障叠翠，气势恢宏。危岩错落，千姿百态，涧壑苍茫露峥嵘。腾云烟，更感石峰秀，满目葱茏。

高原景观动容，乃古林，黑松挂彩虹。傣族阿诗玛，情歌悠扬，文人墨客，赋诗由衷。山魅隐幽，玄机密布，景色怡人画意浓。剑峰下，笔绘自然美，星耀长空。

对于"虚处难，实处易"的画诀，唯有在凝神于造化前，才能真正参透于闭塞处透出空气、光影的微妙。张成泽以诗意的方法参得了自然的灵性。一辈子创作的张成泽，年近古稀，从传统的深处、从自然的造化深处走来，一双观花写生的眼睛，搜求并发现充满诗意和哲学的生命之力、生命之真。

张成泽认为，古人把中国画称为无声诗或无声音乐是很有道理的。诗讲究的是韵律，音乐讲究的是旋律，两者有着内在的联系，即讲的都是节奏。笔韵是中国画家追求的较高境界。运笔时所表现出的一种内在节律、情感起伏，通过气与力的统一变化而形成用笔的韵律感和节奏感。中国画的主要表现手段是线条和色彩，线条不管是弯的、直的、粗的、细的、长的、短的；色彩不管是红的、紫的、蓝的、绿的、黄的、橙的，都有流动感和连续性，即所谓行云流水、起伏跌宕、明暗浓淡、光影立体的交错与对立统一。张成泽善于把表达的内容与形式加以组织安排，形成一个体现个性、呈现气势、和谐统一的整体画面，使其稳中求奇，险中求稳，着意对比，打破对称，形成一个富有节奏的和谐整体。他常采用的是"三七停"起手法则，即把主要的内容安排在"三七点"上，形成韵律节奏，给观者以视觉美感和冲击，将自然形式之美提升为构成之美。

"高端大气、清新秀润、素净典雅。"张成泽典型的诗画语言、风格样式，就是这样确立起来的。

　　2003年3月，张成泽随李源老师、陈平老师、何家林老师在安徽查济写生半月。

查济写生合影

七律·查济

古村查济九里烟，
三溪汇流万户间。
青砖黑瓦马头墙，
小桥流水杏花天。

寺庙百座朝中臣，
路走曲径铺石板。
富商巨贾茶中客，
皖南文风世代传。

七律·金石滩

结伴走进金石滩，
流光溢彩尽欢颜。
海天一色泛银光，
拍岸涛声震耳畔。

碧空如洗海鸥翔，
岩石痕深层叠显。
驾驶快艇逐波浪，
心旷神怡别洞天。

七律·金石林

造物多姿自有情，
金石园中万象生。
潮起潮落石风化，
六亿年前已形成。

海蚀地貌龟裂石，
天雕地塑神奇功。
玉兔下凡出仙洞，
雄狮跃涧马奔腾。

　　绘画是生活、自然、传统、胸臆兼容而来。诗画本一律，崇尚气格高华、清朗畅怀。一幅优秀的作品往往不简单取决于造型的精确、施色的恰当，而常常是取决于画面蕴含的独特气息和深层意境能够感染并打动观者。很多东西强行推广会少了许多味道，甚至会让人生出逆反心理。但让人身临其境、感觉优美的推广，却能引来很多人的共鸣。"芬芳人称百卉王，寄情墨彩不言中。"张成泽始终认定，将最美好的东西展露人前，让他们打心底喜欢，那就成功了。

　　请看张成泽在洛阳、菏泽写生牡丹时所写的题画诗。

《富贵呈祥》

沁园春·国色天香

谷雨时节，百花争艳，国色天香。步洛阳花海，春风摇曳，千垄田圃，百里群芳。重朵压枝，雍容华贵，武火不尽邙山殇。极目望，叹风情万种，虞姬艳装。

满目群芳竞秀，云锦丹霞魏紫姚黄。凭娇容丽质，绿幕隐玉，佛门袈裟，荷包珠镶。金阁豆绿，岛锦珊瑚，蓝田黑豹白玉霜。国旗红，夜露洗尘后，溢彩流光。

《二乔染天香》

沁园春·牡丹颂

　　暖日惠风，瑶池砚墨，牡丹吐香。步菏泽卉海，阳春三月，万家田圃，千里芬芳。一路红嫣，含香带露，杨妃醉舞宫里伤。回首望，见娇容竞妍，浓抹轻妆。

　　牡丹魅力称王，引文人墨客竞颂扬。独绝尘染韵，丹霞赵粉，绣球仙桃，豆绿鹅黄。帝冠祥云，蓝田墨玉，二乔银月白雪霜。神州盛，数皇冠妍丽，近在东方。

《墨铸天香》

墨铸天香

牡丹难以墨，

用墨难以浅。

淡淡著颜色，

聊以媚俗眼。

爱美之心人皆有之，以花、鸟、虫等植物和动物为描绘对象的花鸟画是大众喜闻乐见的一种中国画。"花虽无语人能解，鸟故多情我自明。摄入丹青悟妙理，此话此景此时情。"这也算作大众喜爱张成泽诗画的一个原因吧。

妙和自然趣

　　"妙和自然趣，人工费剪裁。昔年游览地，都上图画来。"张成泽国画艺术展的主题"妙趣自然"取自黄宾虹的题画诗。在张成泽的画前，几乎所有人都承认它是新奇独特而又令人眼前一亮的。张成泽不拘成法，下笔汪洋恣肆，笔路随感情需要而变化；着墨恰如其分，大有笔落惊风雨的气势，把变化多端的笔法统一在独特的风格之中，令人越看越觉得有韵味，久久不忍离去。

　　2017 年 11 月 11 日上午 10 时 20 分，在华夏齐鲁文化城五楼展厅，"妙趣自然——张成泽国画艺术展"隆重开幕。这次展览由山东省艺术研究院、山东省书画学会主办，中央美术学院、中国艺术研究院研究生院、鲁芳斋工作室提供学术支持，大美墨韵美术馆、华夏齐鲁文化城展览馆、金谷斋工作室承办，山东明星传媒、优度美术馆等 25 个文化艺术单位协办。

　　走进展室，首先映入人们眼帘的是"妙趣自然——张成泽国画艺术展"的前言《没骨为寄情　状物启智慧——解读张成泽绘画》。

　　展览的前言由著名艺术片导演、美术评论家郑岗撰写。郑岗现为山东师范大学当代水墨艺术研究中心副主任、研究员，山东省文艺创作研究院文艺理论研究中心主任，山东省美术家协会当代水墨艺术委员会学术主任，山东省中国画学会艺术理论委员会主任，《山东美术》杂志主编，山东美术馆编辑部主任，中国美术家协会全国美术高峰论坛评审，中国美术家协会会员，山东省书画学会学术委员。他多年来从事杂志和图书编辑、电视台制片人工作，对当代作家、艺术家有深入的研究，先后做过巴金、萧乾、汪曾祺、季羡林、张君秋、娄师白、程十发、吴冠中等200余位作家、艺术家的专访，先后在《美术》《美术观察》《书画》《中国美术报》《美术报》等报刊发表论文百余篇。

郑岗所撰写的"妙趣自然——张成泽国画艺术展"的前言内容如下：

中国画里有一种画法被人们称为"没骨法"，以这样的画法画出的画似乎"工笔"与"写意"兼加。这种艺术形式是基于"不用笔墨勾勒，以重色（青绿、朱粉）适宜染晕"而产生的。它强调用彩色直接绘出形象而不用墨色线条勾描，其技术意义重大，应当说是工笔的一种，其结果就会是追求工整与意会并存。没骨的重要审美就在于"没"字的意义上——没即为淹没，引义为不彰显而含蓄。其绘画技术的精要之处在于将运笔与设色有机地融合在一起。此法的要义是不勾画轮廓，不放底样拓描。这就使得没骨更加注重形、意的规准、确范与工整。

我们知道，没骨法就是不用墨笔勾勒，只用颜色来点戳。其与随意挥洒笔墨的写意虽然方式有点近似，但也有不同之处，即它强调主观性之下的"有巧密而精细者"的追求，崇尚工笔写实的精确，又意求不着笔迹的墨性——技术的隐藏、含蓄地达到为上。这种中国画画法有历史，更有传统。据学者研究它是由印度的染晕法脱画而来，跟隋唐时传入中国的佛像画有关。这就使得没骨法介于工笔与写意之间，既不似前者线条工稳、细致、流畅，色彩匀净、明丽、典雅，所画物象造型准确、生动逼真；又不同于后者笔墨彩挥洒恣肆，酣畅淋漓。此法要求画者胸有成竹，一气呵成，把笔、墨、色、水融为一体，并在纸上巧妙结合，重在蕴意，依势行笔。譬如五代后蜀黄筌画花时勾勒较细，着色后几乎不见笔迹，故有"没骨花枝"之称。北宋徐崇嗣效学黄筌，单以色彩作花卉，名"没骨图"。另有用青、绿、朱、赭等色染出丘壑树石的山水画，称"没骨山水"，也叫"没骨图"，相传南朝梁张僧繇所创"没骨山水"，唐代杨升善此画法……

来到当代，绘画艺术领域已经呈现出百花齐放的局面，中国画的传统技法已被中国美术家演绎出无尽的可能。他们专注于自己所钟情的方式方法，将智慧化为为之奋斗的事业。我认识的画家里有太多这样的人了。

譬如善画没骨画的张成泽。张成泽的画作有鲜明的色彩感。这种色彩感是经过长期的艺术实践建立起来的，洋溢着强烈的生动性。我想，这是他对艺术、对生活思考的结果。我们知道，中国绘画在一定意义上就是一种进行哲学思考的结果，至少是对观察自然的经验梳理和思考的结果。因而中国绘画的大师巨匠一定是有大智慧者。

发现好的画家，解读好的作品总是愉快的，更是美好的。譬如解读张成泽的没骨花鸟画。张成泽画的都是那些美好生活中的美好情愫，是人们熟悉的花鸟虫草，是通俗易懂的生活之见。在张成泽的画里，花卉的枝叶、饱满的蔬果、盎然的虫鸟等尽是深刻动人的元素，种种爱意和诗意洋溢其间，纯稚又清新。

张成泽的画作构图是饱满的，造型是准确的，色彩和墨工互为照应，融为一体中各自又展现出不同的墨性与笔性，浓郁率真的情感、质朴的民间气息扑面而来，在天真稚拙下达到有着文化意义和文明情趣的艺术高度。

中国绘画讲究意趣，以没骨画表现花鸟草虫生态的淋漓尽致，有个重要的原则就是强调灵性，强调传移摹写之后的画要通灵性，也就是一草一木一世界的可感知意义。

譬如画花瓣，以水墨点戳，再施以浅色，花瓣的精神会更生动地展现出来。应当说更适合于以没骨法作画的是荷花。有技法这样描述画荷花的步骤："先用浅红色组成花形，再用嫩黄色画瓣内的莲蓬，跟着即添荷叶荷干，叶是先用大笔蘸淡花青扫出大体，等色干后，再用汁绿层层渲染，在筋络的空间，要留一道水绿，荷干在画中最为重要，等于房子的梁柱，画时从上而下，好像写大篆一般。要顿挫而有势，有亭亭玉立的风致。如果画大幅，干太长了，不可能一笔画下，那么下边的一段，就由下冲上，墨之干湿正巧相接，了无痕迹。干上打点，要上下相错，左右揖让，笔点落时，略向上提。花瓣用较深的胭脂，再渲染一两次，再勾细线条，一曲一直，相间成纹；花须用粉黄或赭石都可。这是看画的重心所在。加上几笔水草，正如书法所说的'疏可走马，密不透风'也。"这种效果在张成泽描绘荷花的作品中体现得尤为特殊。他的没骨画能够达到这样的绘事意蕴。

没骨画是古老的、传统的，当然也属于当代艺术的范畴。读过这样的几句话："一切根植深远发力厚重的表达一样，其中囊括和熔铸了漫长的演变融合，让工心和诗意得到了一次集中的贯彻。这是持久的耐力，是长期坚守，而后释放。"其实，没骨画家所坚守的就是这样一种境界。我以为，即便画家的创作是一个人的力所能及，同样也是他所处时代的人，或者说一部分人，占有文化意义的那一部分人在文明进程中的精神嬗变。

当有人问我对张成泽的画有何感受时，我说，我会想到一代又一代中国画家所肩负的使命担当，还有时代担当——符合画家所处时代的审美，又不失传统所要恪守的规则：既有当下意义的生活姿态，又透着文明来路的痕迹。这样的艺术表达说起来、论起来，才是有意义的。看张成泽的自述知道他的亲授恩师是张立辰、郭怡孮、李魁正、唐勇力诸位先生，他们都是我十分熟知的绘画大家，我与他们交往多有数十年，而且早在二十几年前我就研究过他们的绘画艺术。以对他们的认知，我就确信当代中国绘画所有的文化语意和文明姿态，都是在强调民族性、区域性中讲个性的来龙去脉的清晰意义。这是保证体统，保证事物有源头、有路线的基本诉求。在国画体统里，讲求体统就是这样的基本意义所在。所以，相信张成泽的画会走得更远。

另外，我认为能使张成泽信心百倍的还有一个更重要的因素，那就是写生。从张成泽的绘画中我们可以看得出，他对自然的观察能力就体现在他的写生能力上。我们常说，写生是绘画的根本。"外师造化""师法自然"是绘画心象之本最直接最本意的出发。张成泽的绘画是属于遵循"写生"一路，坚持"师法自然"的。

张成泽对自然的迷恋和对没骨的痴情有着显而易见的独特性，二者是相得益彰的。在他的作品里，我们看到的人文志趣与感受到的笔墨情趣是前后互为因果的。他恪守了中国画最重要的艺术法则"外师造化，中得心源"。

我们知道，在中国美术史上"师造化"理论是举足轻重的，对于画家的艺术发展有着非同一般的影响。即便在复古风盛行的清朝初期，以"临""摹""仿""抚"为崇尚的"四王"之辈们，也会策杖于山林，扁舟于江湖……在他们的作品里依然洋溢着他们在生活中依个人所见而感的情志。山川执笔气象隐约着手感，笔墨行走痕迹彰显着气象。他们毫不掩饰自己基于中国文化强调"天人合一"的思想，读书求功名的意志。

当然，画家往往在表达感受时，会呈现出不同的艺术感觉。这种艺术感觉源于不同追求者的审美和追求，同时，也是对自然中的花鸟昆虫、飞禽走兽的观察所得。

"过去的理论和实践都不能代替创造，一位真正的美术家，必须是他自己时代的表现者。他必须遵循自己对艺术法则的理解，描绘自己的生活经历。到那时他才可以创造出新的作品，他的作品才能具有最深刻持久的价值。"一位老艺术家这样讲他的感受，我们能在其中有所体会。

所以，我们看张成泽的作品时，会发现他在构图上讲究主体性的营造，他善于剪裁所表现物象的形体面貌，工细的布局中有虚实，营造出的画面得当地将笔墨之间、物象之间的对比与顾盼呼应得恰当而纯实，这样的情形使我们能感受到他的用心和匠意。由此，我也意识到，当代没骨画法在追求审美上力求做到"不类同工笔的严谨，逼真却有些刻板；又不同于写意，恣肆张扬，酣畅却有些夸张"，更应当坚守从艺术的角度，以不同的艺术方式思考生活，给他人以不同的心灵愉悦。

我曾经这样讲过，"外师造化"就是明确现实是艺术的根源，强调艺术家应当师法自然，是基于坚持现实和艺术关系的唯物论，带有朴素唯物主义的色彩。从本质上讲，其不是再现模仿，而是更注重主题的抒情和表现，是主体与客体、再现与表现的高度统一。有人认为，中国花鸟画的立意往往关乎人事，它不是为了描花绘鸟而描花绘鸟，不是照抄自然，而是紧紧抓住动植物与人们的生活遭际、思想感情的某种联系给予强化的表现。它既重视真，要求花鸟画具有"识夫鸟兽木之名"的认识作用，又非常注意美与善观念的表达，强调其"夺造化而移精神遐想"的怡情作用，主张通过花鸟画的创作与欣赏影响人们的志趣、情操与精神生活，表达作者的思想与追求。

我相信画是因为期望寄寓情感，状物则是因为有智慧引导心智，这段文字同样也是读张成泽绘画的思考。

这是张成泽艺术道路上的一个小结，也是一个新的起点。"妙趣自然——张成泽国画艺术展"开幕式开始之前，现场已经人满为患。展厅里、走廊里、楼道里，到处都站满了观众。观看一次高质量的美术展览，不仅是一次美好的艺术享受，更是一次不同寻常的艺术交流。对于真正的好画，分析几乎是多余的，唯有用心去感受，用智慧去领悟，而言不及义的评论、啰唆平庸的赞誉，只能是浪费时间，说了还不如不说。但是，客观公正、恰到好处的点评，则是一语值千金。观众们热烈地议论着，兴奋地评论着，因为解读好的作品总是愉快的，更是美好的。

下面记录的是这次画展开幕式的几个片段。

高超（书画电视栏目《画说收藏》创办人、"画说山东"策展人）：著名画家张成泽先生，曾学于中央美术学院国画系，受教于著名画家李魁正、张立辰、郭怡孮、唐勇力、崔培鲁等人。今天，他的精品力作展示在各位的面前，我们能够看到，也能感觉得到，在他的画中，人物、山水、花鸟皆有，工笔、写意皆长。我们期待着张成泽先生给我们带来的这一场水墨盛宴。

吴泽浩（著名画家、山东省文学艺术界联合会副主席、山东省美术家协会副主席、济南市政协副主席、济南市文学艺术界联合会主席）：我看了张成泽先生的画，有几点感受。

第一，基本功相当扎实。特别是在工笔、造型、白描、临摹上，他下了相当大的功夫。张成泽先生是一位用功的、传统的、开拓创新的、涉猎广泛的画家。他接受过名师的指点，张成泽先生年轻的时候没有进过艺术院校，到了一定年龄才走进艺术院校的大门。他走的是学院派路子，是从写生中来的，其作品呈现着古人的风骨，在门里头也是精品。

第二，现在，书画艺术相当兴旺发达，从事这一行的人相当多。我们应该看到张成泽先生精益求精的精神。他在书画艺术的各个领域都有突破，并不是一招鲜吃遍天。他在生活各方面拓宽视野，在艺术创作方面不懈追求。

第三，张成泽先生求大同存小异，虚心学习，取长补短，和艺术界的朋友和谐共处。我们现在的问题是，有的人老是觉得自己的作品好，瞧不起别人，这种风气还是有的。但从这个画展，从张成泽先生的作品来看，他做得很好。张成泽先生经过两所艺术院校的培养，系统学习了美术理论和绘画知识，在名师的指导下，他深入研究和探索，基本功相当扎实，画路宽泛。他工笔、没骨、写意、白描都非常精到，创作了不少好的作品。张成泽先生谦虚谨慎，博采众家之长，将理论与实践相结合，书法与绘画并举，经过不懈努力和追求，相信他会有更多精品问世。

张宏伟（山东美术馆专业画家、国家一级美术师）：今天，我非常激动。因为张成泽是我认识多年的好战友、好艺友、好兄弟。他展现在我们面前的这些画作，让我们一目了然、非常清楚地看到他给艺术注入了新的生命。多年前，他还是部队里的一位业余画家，为了追求艺术，他舍弃了很多东西，舍弃了令人羡慕的工作，孜孜不倦地去追求艺术。我觉得这是不容易的，也是很有胆魄的。此外，我觉得张成泽身上有四点很值得我们学习。

第一点，张成泽先生非常热爱绘画艺术。从我和他接触的时候，他就在练习书法，练习技法和墨法，博采众长，慢慢地做一些积累，非常执着。

第二点，张成泽先生坚持不懈地追求绘画艺术。做绘画创作这样一件事，他不是坚持了一年两年，而是坚持了十年几十年，这样坚持下来很不容易。这也是张成泽先生成功的重要因素之一。

第三点，张成泽先生非常努力地学习绘画理论知识并不断地实践。他不像有的人一样闭门造车，而是默默无闻地扎根于传统，默默无闻地投入大自然、投入生活，到大自然中去寻找灵感，到生活中去寻找属于自己的绘画自由天地。因此，有了热爱，有了坚持，有了努力，才有了今天的巨大成果。

当然，更重要的一点，也就是第四点，是他到中央美术学院和中国艺术研究院学习以来，开阔了眼界，扩大了胸襟，受到了高人的指点。这使他的艺术才华充分地展现出来，从而使他在认识上、思路上、鉴赏上都有了一个和过去不同的飞跃、一个质的变化、一个蜕变，进了专业的门，走上了艺术之路。我觉得这一点是非常重要的。这一切都离不开生活，特别是他画的这些白描，画的这些花鸟，都是从生活中来的。他非常认真地观察思考，而且精心地构图构思，整体上把握生活、把握自然的能力大为提高。此外，他在立意和格调的处理上也下了很大的功夫。他废寝忘食，往往是别人休息了，他还在奋力拼搏；别人在节假日休息和娱乐，他还在水墨世界里不懈奋斗。

张成泽先生为了艺术而献身，永远保持着军人牺牲、奉献和战斗的精神，多年的努力和探索为他的绘画事业打下了坚实的基础，成就了他今日卓尔不群的面貌。他酷爱绘画，孜孜不倦，传统功底深厚，不断开拓创新。他画路较宽，涉猎较广，工笔、写意、没骨、线描画得都很到位，真是难得。希望张成泽先生把这次展览当作一个新的驿站，当作一个新的起点，相信他会有更多的精品力作问世，将美奉献给社会和人民。我相信张成泽先生在艺术的道路上会走得更远一些、更高一些。

徐隆（著名画家、中国美术家协会会员、枣庄市群众艺术馆馆长）：今天非常高兴参加"妙趣自然——张成泽国画艺术展"。20多年前，我就在关注张成泽先生的绘画，他的作品吸引了我。1999年，我在中央美术学院国画系学习时才得以与他相识。他的人品、艺品、追求、执着深深打动着我。中央美术学院国画系传统、写生、创作三位一体的教学模式，功课安排科学而紧凑，加上良好的学习氛围，使学员得到了广泛而深刻的认知。成泽兄对艺术执着的追求，我非常敬佩。学习期间，人物、山水、花鸟、艺论、写生、色彩、创作都要涉猎，他把生活中点点滴滴的美都融入他的作品之中。30 多名专家、教授为我们授课，老师教得认真，学习氛围非常浓厚。成泽兄刻苦自励、不断求索，广采博纳，吸取大自然的灵智与美感，多年来努力探索和实践，才有了群众喜闻乐见且符合画理的好作品。祝张成泽师兄越画越好，呈现给大家更多的精品佳作。

刘大勇（著名书法家、中国书协会员）：山青吐翠，水墨飘香。今天，我们在这里欢聚一堂，迎来了"妙趣自然——张成泽国画艺术展"。在此之际，我代表中华爱心书画院向各位来宾表示热烈的欢迎，向张成泽先生表示热烈的祝贺。书画艺术源远流长，博大精深，是中华优秀传统文化的组成部分，是世界文化艺术的瑰宝。张成泽先生学识渊博，学养深厚，一直醉心于书画艺术研究，对书画艺术有着强烈的追求，尤其是他的没骨画，注重传统、不拘一格、中西融合、色彩协调、创新开拓，达到了一种形神兼备、气韵生动的境界，给我们带来一种美的享受。张成泽先生为人谦虚谨慎，勤奋坚毅，平易近人，处处展现大家风范，给我们做出了榜样。这次书画展是一次很好的学习交流的机会，预祝大展成功。

刘国栋（中信银行副行长）：刚才各位专家对张成泽先生的作品给予了很高的评价，我和张成泽先生及其夫人唐惠芳都是好战友，借这次机会，我想表达一下战友之情以及对张成泽先生在书画艺术上取得辉煌成就衷心的祝贺。我在书画艺术上是外行，很难像各位专家那样从专业的角度对这次画展以及张成泽先生的作品予以评价。所以，我只能以朋友和书画爱好者的身份，对张成泽的作品和为人谈一点自己的感受。通过这些年与张成泽先生的接触和对他作品的欣赏，我谈这么四个词。

第一个词是"酷爱"。张成泽先生过去在部队工作，但是他酷爱画画，为了做自己想做的事情，他毅然辞去工作，舍弃丰厚的待遇，而去"自找苦吃"。我觉得这是一般人做不到的。所以，张成泽先生之所以取得如此巨大的成就，首先是因为他对书画艺术的酷爱。

第二个词是"执着"。世界上做任何事情，不执着，不用心，就很难成功。张成泽先生从小就接触书画，参加工作后，他在工作之余不断地去探索，挤出时间不断地去实践、去钻研，他这种执着成就了他的绘画事业。

第三个词是"灵感"。我们做金融的需要严谨，需要逻辑思维，而画家更多的是需要形象思维，需要灵感。这种灵感来源于生活。从人品上来说，张成泽先生为人忠厚正直，谦虚谨慎，而从国画艺术上来说，张成泽先生展现出的是充满灵感、对事物深刻的洞察力、对艺术丰富的想象力。

第四个词是"唯美"。我看了张成泽先生的绘画作品，感到很美。我想，他的作品一定会被广大书画爱好者所喜爱、所欣赏。因为张成泽先生的作品更接近大众。这种作品将来会更有市场，更有群众基础。张成泽先生作品的美，是这个画展的一个重要特点。

张成泽：中国画源远流长，博大精深。如果说中国画是一条长河的话，我的画只是汇入长河的一条小溪。

"妙趣自然——张成泽国画艺术展"举行开幕式那一天，整个济南齐鲁文化城五楼热闹非凡，就像过节一样。很多人说，多少人在这里搞过个人画展，从来没像今天这么轰动过。"妙趣自然——张成泽国画艺术展"横空出世，于宏大之象、宽博之势、精微之美中透出摄人魂魄的力量，令美术评论家、画家与广大观众惊叹不已。精神的升华、形式语言的出新，标志着张成泽先生的绘画艺术达到了一定的境界。

在绘画艺术的王国里辛勤耕耘了半个世纪的张成泽，终于迎来了硕果累累的丰收季节。展览就是把自己的作品陈列出来给人看，美的要展示给大家，丑的也会暴露出来。因此，张成泽特别看重个人展览，也很慎重地对待展览。他认为，通过举办展览，可以虚心听取观者的意见，好的要知道好在哪里，不好的要知道不好在哪里。有人说，山登绝顶我为峰。可是，倘若把自己放在大自然里，即使登上山顶也能体会到个人的渺小，可想而知，需要我们研究的、学习的、追求的太多太博大了。他告诉观众，自己虽然在绘画领域取得了一定的成就，但不会在此停步，这里是加油站，自己正在追求新的高度，准备跨上新的艺术境界。

这些年来，张成泽举办了多次个人画展和多人联展。"妙趣自然——张成泽国画艺术展"只是他系列展览中的一次。

2006年秋天，张成泽曾与中央美术学院的五位同学杨金勇、张建京、徐隆、解晓翎、袁艺，在济南市胜利大街56号济南荣宝斋（后改建为山东书城）举办六人作品联展。他们是在共同学习中结为挚友的，平日里他们经常结伴而行，在艺术上相互鼓励、切磋，结果是佳作频出。这次展览，六位同窗各自拿出经年创作的20幅力作，总共120幅作品，可谓是丰富多彩，既有个人独自的创作，也有珠联璧合的巨制。该"六人展"让山东画坛名宿大家交口称赞，在随后举办的"六人展"作品研讨会上，中国美术家协会、山东省美术家协会的常春月、张宝珠、张宏伟、刘书军等40多名书画艺术家出席并发言，纷纷叹赏。"六人展"后，张成泽声名鹊起，这位名不见经传的军旅画家终于在国画神圣的艺苑里有了自己的一方葳蕤的桦树林。

2015年10月2日上午，张成泽应江苏省文学艺术界联合会之约，在江苏省苏州瑞园举办了个人作品展。张成泽在这次展览中展出了近年精心创作的83幅作品。他的个人作品展是在瑞园一个古色古香的古建筑里展出的，成为"书两岸同文　绘华夏一脉——海峡两岸书画艺术展"的一道分外亮丽的美景。

之后，2015年10月9日，张成泽又应约到江苏省徐州市文怀堂举办了个人作品展。展览馆前挂着一条横幅，上面写着"山东著名画家张成泽作品展（展览时间10月9日至12日）"，马路对面还有一个大屏幕，详细介绍张成泽展出的150余幅精品力作，还有他的照片和个人简介。张成泽的这次个人作品展一共展览了4天时间，展出150余幅作品，有工笔画，有写意画，有没骨画，还有大量写生线描画。本地媒体发布了张成泽作品展览信息，介绍张成泽的事迹、作品以及有关专家学者的评论。展览现场，多数观众是懂画的行家和徐州的画迷。观众看了以后感到没骨画是一种独到的画法，因为

艺术展合影

当地画家的作品多以写意画为主，很少见到没骨画。张成泽的没骨画让他们大开眼界，好评如云。人们纷纷为他精湛的技艺和多年来在融贯古今、中西结合的艺术道路上不懈探索的精神所叹服。

不管什么时代，都会有甘于寂寞的一颗颗心灵被人敬仰。甘于寂寞，未必没有十分勇敢的精神，因为为追求绘画事业的成功和辉煌，他们能够敢于面对一时的乃至一生的平淡。齐白石说："夫画道者，本寂寞之道。"张成泽先生甘于寂寞而不改其志，因其积半个世纪之对艺术的不懈追求而蕴玉藏辉，正在为世人所瞩目。对张成泽来说，绘画早已成为他生命的一部分。

张成泽个人画展的成功给整个中国画坛变革带来春的花信，至此他并没有自我陶醉，怡乐其中，而是靠着扎实的笔墨功夫，凭着深厚的文化素养，倚仗对艺术理论的缜密思考和对美的颖异感悟，在绘画艺术的圣地上勤奋耕耘，不断拼搏。

阡陌行走觅画踪

画什么？怎样画？为什么这样画？张成泽边画边思考，在"阡陌行走觅画踪""解疑释惑一重重"的过程中，练就了对绘画艺术独特的领悟能力。他勤习善思，躬身翰墨，泛舟于书海，面对古往今来的大手笔，虔诚于师法，"外师造化，中得心源"。张成泽在继承、借鉴与发展的关系上常有所悟，拾取了琳琅珠贝；他博学广记，深悟众家精要，在勤习苦修中总结出自家道法。

踏莎行·绘画
（一）

笔耕砚田，纸展红星，伏案沉思赋憧憬。翰墨宣泄待释疑，披图寻幽承传统。

要领"六法"，艺道使命，解疑释惑一重重。自然关照须珍重，阡陌行走觅画踪。

踏莎行·绘画
（二）

排兵布阵，攻坚伐城，技法多变取奇胜。胸中装有自然美，点线疏密耕劳形。

妙在情趣，笔起神定，师其不高画平庸。若求笔下留大美，功夫尚在读写中。

以上两首词，浓缩了张成泽绘画时的想法和绘画过程。他指出，画家要勤于思考，学习经典，领悟传统，在总结和继承前人经验的基础上进行创作；要"胸中装有自然美"，即要走向自然，博取物象特性，进行有依据的创造；要形神兼备，"技法多变取奇胜"，切不可胡涂乱抹。好的绘画作品往往是在能动地观察和写生的基础上，经过艺术创作，崇尚意境和情趣，追求"笔下留大美"的主观精神表达和体现，达到浑然天成、生动感人的艺术效果。

张成泽认为："绘画的道路、风格与技法是与画家心性相一致的。"现代没骨画，不受线的约束，捕捉光辉灿烂、朦胧幻化、轻松自然的视觉效果与感受，非常适合张成泽的理想、自由、超然的心理境界。因此，他常年专注于没骨画创作思维与绘画技法，在没骨画的绘画规律研究、认知与践行上下了很大功夫，也取得了一定的成果。

石涛大师曾说："所以一画之法，乃自我立。立一画之法者，盖以无法生有法，以有法贯众法也。夫画者，从于心者也。""非无法也，无法而法，

中缅边境采风合影

乃为至法。""纵使笔不笔，墨不墨，画不画，自有我在。"石涛"一画之法"的伟大之处，在于创造能表达画家独特感受的画法，换言之就是贵在创造，也就是说要有自己的表现特色。学习、继承必要循法，创造、发展则必有我法。故法随心性，法从于境，法由需要生，法随意趣变。新的思维会产生新的理念，新的理念会增加新的追求，而新的追求会产生新的表现技法。因此，法是在个人体悟中不断创造中发展的。下面这篇短文，正是张成泽学习研究领悟的结果。

让水墨世界变得更灿烂
——没骨画的认知与践行

没骨画是传统中国画家族中一个重要且独立的画种，不用墨线勾勒，直接用色彩或墨色绘成。

没骨画不同于工笔和写意，"没"字，即淹没含蓄之意，其精要在于运笔和设色有机地融合在一起，不用线廓形，粗放型不打底稿，不放底样拓描，作画时要求作者胸有成竹，一气呵成。斑驳的肌理、透叠的层次、过渡的色阶古朴典雅。此画种能工能写，可在工笔和写意间发挥其特有的造型自然生动的特点和优势。

没骨画作为中国传统绘画的重要一脉，在百花齐放、流派纷呈的今天已焕发出勃勃生机。没骨画起源于南北朝时期张僧繇的"凹凸花"，创始于五代时期的徐熙，确立于北宋初年的徐崇嗣，集大成于清代早期的恽南田。在文人画兴盛的700年里，文人画普遍"尚意"的写意性追求，似乎整体放弃了对色彩的研究和应用。可以说，文人水墨画灿烂的绘画史，也是色彩相对黯淡甚至缺失的历史。虽有杨升、王洽、赵昌、孙隆、居廉、任伯年等没骨画巨匠的扛鼎，但在写意的潮流中，他们仅是美丽的浪花。

　　"八五思潮"后，主张融会东西方绘画语言，表现中国民族精神的现代没骨画派崛起，没骨画便成为工写之间的桥梁、意象思维与抽象思维的沟通媒介，其线色、墨色交融，工写结合，收放自由的方式非常适合表现具有东方意蕴和现代都市情感的艺术效果。中央民族大学、中国艺术研究院博士生导师李魁正先生经过对传统绘画和当今绘画的研究和梳理，提出了组建没骨画派的设想，在业界的大力支持下于1991年春组建了现代没骨画派，并于1992年10月在中国美术馆举办了没骨画大展，为世纪之交的艺术界提供了一种和而不同、流光溢彩、清逸洒脱且具审美意识的没骨画新风。

　　著名工笔画大家潘絜兹先生早在没骨画发起之初就看好其前景，之后三次撰文赞赏现代没骨画的学术价值。他认为，"现代没骨画的崛起是中国画自我完善、自我发展的体现，它绝不是简单的技法问题，它将给中国画的观念带来一系列的变革，线的地位动摇了，色与光闯入了禁区，使一片宣淡的水墨世界变得灿烂夺目，多姿多彩"。现代没骨画队伍的不断发展壮大和没骨画作品的不断涌现印证了潘絜兹先生的学术预见。

　　不勾边缘线是没骨画的主要特征，虽不勾边缘线，但线色交融、墨色互渗，骨含其内。"混、撞、冲、渍"是没骨画的基本技法，"交错点染"是西画技法的移植改造。这两种具有一定难度又颇有实用价值的新技法是支撑现代没骨画表现风格的核心技法。用光、布色是没骨画的重要特色，其注重物体的阴阳向背和凸凹，注重色彩的协调和整一性，于单纯中求丰富、对比中求统一；无论是墨还是色均是纯而不怯、鲜而不火，追求一种瑰丽沉着、净秀文雅之美。

　　在以写意花鸟画为主的多年研习中，我发现千军万马的画家多数在挤水墨写意这座独木桥，难免存在循规蹈矩、陈陈相因、千幅一面的现象，作品缺少创新意识和新鲜感。于是我思考，是继续走以前的老路还是寻找"笔墨当随时代"的路径？经过深思和筛选，我首选了没骨画作为研习和试画的对象，耗掉一年的时间尚未找到没骨画的真正规律和真谛，亦步亦趋，甚是苦恼。

我便带着学习没骨画的渴望去中央美术学院求学，但30多位教授学者的讲课和示范唯独没涉及中国三大画种之一的没骨画（当时中央美术学院没有没骨画老师），我有些失望。

2006年我考取了中国艺术研究院李魁正老师的研究生课程班，甚是幸运。在先生的教授下，在工笔、没骨画领域的高手何家英、贾广健、潘英、付爱民、贾宝锋等老师的指导下，我的没骨画才算真正步入正途。入学后的第一幅作品《月光》，画面中一只羽毛变异的孔雀立于岩石上，近景一丛龟背竹擎着果实，几朵兰花夹杂其间，孔雀后立着大块撞水且混沌的岩嶂和弱化的毛竹，背景一轮朦胧的月光。在点评作业时，导师赞许有加。第二幅作品《瑰丽》投稿第二届"齐白石奖"全国美术作品展览获优秀奖；《晨露》投稿2007年全国美术作品展览获优秀奖（最高奖）；之后《幽情》《东风沐》分别入选全国美术作品展览。

在毕业作品集中，导师李魁正先生评语道："张成泽以花鸟画见长，近几年他把主要精力投向了没骨画的研究和创作。两次云南写生使他对花鸟境界有了更加感性的认识，他对瓷玫瑰、地涌金莲、海芋、火焰花那美丽的色泽、挺拔的姿态情有独钟，进行了一系列以此为题材的花鸟画创作。其作品那种蓬勃向上的朝气、涌动变幻的旋律，加上得当的色彩、斑斓的肌理，给人一种耳目一新之感。由此可见没骨画作为一种非常优秀的技法和语言，既可以抒发个人小我情调，也可表现时代博大情怀。张成泽只是在没骨大道上迈出了一小步便有如此成果，今后还有很多值得探索和挖掘的余地，相信他会取得更大成绩。"

在中国画的学习中，我一直将搜寻的目光凝聚于写生、书画并重的创作与画论结合的寂寞苦旅中。或许用娴熟的笔墨去复制自己的花花鸟鸟实在是件快事，也更容易被大众接受或被市场认可，但我总是将接近一半的精力和时间投入美术、书法理论的学习。潘天寿大师的名言"把可利用的时间分成十份，三份读书，三份书法，四份作画"，张立朝老师教诲我的"书法一定要走传统路子，从碑帖中吸取精华"总在我心中徜徉，伴我度过许多个不眠的读写之夜。

2004 年，张成泽写了一篇文章《如何欣赏中国画》。这篇文章是他多年来学习研究领悟中国画论与中国画史的心血结晶，被当时他任教的济南老年大学发表在互联网上后，在读者中引起很大反响。后来，张成泽把《如何欣赏中国画》这篇文章发表在《羲之书画报》上，分三期刊登（2005 年 5 月 20 日至 6 月 3 日总第 169 期、170 期、171 期）。

如何欣赏中国画

弘扬传统国画文化，感受国画魅力。这里有艺术欣赏、国画教程、学习交流、认真的态度，让我们共同进步。

中国画是中国传统民族绘画的统称，也称国画或水墨画。它是以墨为主要颜料，以水为调和剂，以毛笔为主要工具，以宣纸和绢帛为载体的具有民族特色的画种。它植根于华夏浓厚的文化沃土之中，跨越不同时空，历经萌芽、发展、成熟、创新、再发展的诸多不同阶段，形成了融会民族文化素养、思维方式、审美意识和哲学观念的完整的艺术体系。它与西方的油画形成了两座并峙的艺术高峰。

在改革开放的今日，东西方文化碰撞加剧，人们的思想异常活跃，部分画家对传统艺术产生了动摇，对现代派、后现代派、形体艺术追捧有加。一时间出现了大众普遍不认识、行家普遍读不懂、光怪陆离的新样式。

诚然，中国画是在创新中发展的，可以肯定地说，没有创新就没有历代崛起的大师、巨匠。稍有些绘画常识的人都知道，这些大师、巨匠无一例外，均是在传统的基础上创新发展的。他们在用笔、用线、用墨、用彩上有自己的见解和突破，始终没有脱离绘画的自身规律，没有脱离绘画的常理和绳纲。

何谓绳纲呢？余以为，谢赫提出的"六法"论；顾恺之提出的"以形写神"；张彦远提出的"载其容，备其象"；荆浩提出的"六要"原则；齐白石提出的"似与不似之间"是也。

从早期的工匠画到五代开始的宫廷画，从达官显贵的宫廷绘画到宋元兴起的仕女画，"锦衣"画家也好，"布衣"画家也罢，大凡成就卓著者，其学识涵养无不精深，传统功力无不深厚，个性风格无不突出。其作品或质朴自然、朴茂天真，或雄强豪放、高古苍华，或温润典雅、清逸秀隽，无不遵循着绘画规律和绘画准则，无不漫溢着自然规律和生活气息，无不动人心魄、启人遐思……

目前的状况是，绘画的多，画好的少；喜欢画的多，真正懂画的少。有的喊着传统，在作品里却看不到传统的影子，根本就没有钻进去，谈何从传统里打出来。有的呼吁着创新，其作品远没有冲破传统的藩篱，不师自然，抱残守缺，谈何出现新面目？有的学画多年，却不知"六法"为何物，不晓"三七停"起手式，不懂黑白灰的协调关系。画上一两个品种，竟自号称王，"画山则峰不过三五峰，画水则波不过三五波"，岂不笑话。有的优劣不分，只学低的，不师高的，岂止已有"师其高而得其中，师其中而得其下"的忠告。初涉此道的某些鉴赏家、收藏家，分不出作品的高下，只认画家的名气，不认画家的作品；把赝品当真迹的不少，视瑕疵为珍宝的有之。上述现象比比皆是。对于中国画大多数人看不懂、不会看的状况，有必要老调重弹。现就如何欣赏、解读中国画谈谈我个人的浅见。

欣赏作品要看气韵

早在1500年前，南齐的谢赫就提出了品画艺术的标准"六法"论，即"气韵生动、骨法用笔、应物象形、随类赋彩、经营位置、传移模写"六项法则。气韵生动，是对作品的总体要求，是艺术达到的最高境界，也是品评、赏析中国画的主要原则。

气韵，在传统中国画中，是指神气与韵味的总和。石涛曰"作书作画，无论老手后学，先以气胜得之者，精神灿烂，出之纸上"。（稍注于此，曰"气"，词组不胜枚举，如气韵、气脉、气场、气概、气象、气机、气势、霸气、小气、匠气、粉气等。可见"气"字弥漫四散！既有崇高之气，亦有形下之气。）元代杨维桢指出"故论画之高下者，有传形，有传神。传神者，气韵生动是也"。清代唐岱谈到"六法原以气韵为先，然有气则有韵，无气则呆板矣"。清代方薰则说"气韵生动，须将生动二字省悟，能会生动，则气韵自在"。由于历代艺术家的分析、总结，"气韵生动"成了绘画的首宗要义，成为画家在创作中追求的最高目标，也成为中国画品赏的主要准则。

时空转换，万物生长皆有规律；人间百事，事物皆有准则。绘事也不例外。中国传统人物画强调动势、传神，山水画重视气势、意境、气象，花鸟画则重态势、生机、意趣，所有这些无一离不开气韵生动这一规律。

总之，气韵生动是绘画的一种整体感应，是一种精神透析，是一种生命状的领悟。好的作品总是伴随着气韵而生，历史上流传下来的佳作，都具备气韵生动的特点。

欣赏作品要看笔墨

"六法"中，谢赫将"骨法用笔"列在第二位。"骨法"在中国画中指的是运用线条作为骨架进行造型的方法。它融合了汉字书法中用笔的规律和美学原则，体现出线条的力度、质地和美感。通过不同的线条去体现笔墨的动态、势向、韵律、节奏，以写神、写性、写心、写意为目的。所以说，写意性是中国画的精神实质。即使是写实性较强的工笔画，也与西方绘画的纯再现有着质的区别。它始终飘游着一种直抒胸臆、遗貌取神、贵在神似的写意精神。更直白地说，工笔画也是意象画，只是较为工细罢了，写意也有工笔的成分，只是更粗放了一些。

中国画以线条构成，是与中国艺术家对线条的情有独钟和独特感受分不开的。我们绘画的先贤认为，以点作画易于零散、琐碎，以面作画易于模糊、平板，用线最易捕捉物体的形象及动感，最适宜发挥毛笔、水墨、宣纸绢帛的特性。可以说，线条是中国画家独到的艺术语言，是中国画的灵魂，是作者在抒情达意中的宣泄。

千百年来，中国艺术家伏案笔耕，利用不同的笔法书写着粗细、曲直、刚柔、毛涩、急徐、虚实、顺逆、繁简等不同质地、不同感觉的线条，并用这些含情线条的渐变、排列、组合、分割、呼应等，在画面上构成造型的诸多形式。

用于绘画的线条是有生命力的。抑扬顿挫、疏密粗细、快慢虚实、浓淡干湿无不显现着画家的才思、功底。国画大师黄宾虹先生把绘画的点线用五个字概括，即"平、留、圆、重、变"。平，如锥划沙，笔锋与纸保持在一个水平上，运压力与提浮力相衡。留，如屋漏痕，笔在运行中感觉有阻力，在与纸摩擦的阻力中艰涩前行。圆，如折钗股，指用笔圆浑有力、浑厚、不露锋芒、富有弹性。重，如高山坠石，用笔要用劲，要有力度，力透纸背；打点，像高山掉落的石头那样有分量。变，变化，笔画形成多样化对比，而且不雷同。

运用于绘画中的气与力是紧密联系在一起的，没有气就谈不上力，中国画家讲究以气运力，有气为活笔，无气为死笔。笔断意连，迹断势连均有气接，因而作品才能气势逼人。

笔韵是中国画家追求的较高境界。运笔时所表现出的一种内在节律，情感起伏，通过气与力的统一变化而形成用笔的韵律感和节奏感，亦是画家心弦的拨动。笔力、笔气、笔韵应有机地统一，以气统力、统韵，以韵助气、助势，三者完美结合，方称上佳的用笔。或浑厚苍劲、刚健挺拔，或含蓄内敛、简约空灵、飘逸洒脱，无不是画家千锤百炼、用心血和汗水浇灌的结果。相反，板、刻、结、死、漏、滞、浮、弱、俗的线条是画家所不取的。驾驭线条的能力，也是衡量画家水平的关键。

以墨为主、以色为辅，是中国画的基本特点。"笔墨"二字几乎成了中国画的代名词。如果说西画是体、面和色彩的交响，那么，中国画就是点、线与水墨的协奏。墨分五色，释为焦墨、浓墨、重墨、淡墨、清墨五大色阶，并由五种色阶（加水量多少）之间形成无数细微的渐变。唐代张彦远在论墨时说："草木敷荣，不待丹绿之采，云雾飘扬，不秀铅粉而白，山不待空青而翠，凤不待五色而卒。是故运墨而五色俱，谓之得意。意在五色，则物象乖矣。"这说明墨不仅能决定形象，分出明暗，拉开距离，代替色彩，还能制造画面的气氛。中国画家深谙绘画要旨，认为画面太枯则有燥气，画面太湿则无生气，墨无变化则僵滞死板。因而数块浓墨必以淡墨破之，一片淡墨必以浓墨破之，一片枯墨必以湿墨润之，一块湿墨必以枯墨提醒。观其面目时往往尚未看清具象形态，就已被画面笔墨中溢出的抽象意韵所感染。在欣赏中国画时往往也从这里入手。

在中国画创作过程中，始终离不开墨。用墨有几种主要方法。

泼墨法，指大笔饱蘸水墨，阔笔大泄，笔酣墨畅，一气呵成。或将大量的墨泼洒于画面局部，用笔顺势利导。

积墨法，是一种先淡后浓，层层叠加，反复积染，形成浑厚朴茂。

破墨法，有浓破淡，淡破浓，或水破墨，在前一种墨色未干时，适时适度画第二遍，对原有墨色实施渗破，使之浑然交融。

宿墨法，隔夜的墨或墨已干透，利用墨胶分开、有沉淀、光泽弱的特性，化开再用。

还有渍墨法、蘸墨法等。好的画无不在用笔、用墨、用线、用水方面有高妙之处，在画面上显现出浓淡干湿变化。古人说得好，"干裂秋风，润含春雨"，就是这个道理。

欣赏作品要看章法

中国画的构图有多种形式，也有多种提法，习惯称"章法""布局"。东晋顾恺之称之为"置陈布势"，谢赫则称之为"经营位置"。虽提法不一样，但其意相同，即作者将要表达的内容与形式加以组织、安排，构成一个体现个性、呈现气势、和谐统一的整体画面。一幅作品境界或高或低，或奇特或平庸，构图至为关键。构图的好坏，对作品的成败起着决定性的作用。

　　构图法则有其自身规律，最主要的规律就是辩证法中的对立统一。凡符合对立统一规律的作品，就耐看，就有美感，就有吸引力，反之，美的因素就会大打折扣。构图的来源是生活，是眼界，是修养，是格调。构图具有极大的灵活性，因为中国画使用独特的散点透视法。用这种透视法来展现绚丽多姿的世间万物，给作者带来极大的自由性和灵活性。它不受时间和地点的限制，不求物体具象，只求构思和形象入"理"。

　　无论三角形构图、拱状形构图、对角形构图，还是"S""A""Y"形构图，无论画面大小，幅式横竖，大凡优秀作品均能体现出构图势向，由构图势向产生不同的视觉效果。

　　中国画讲究稳中求奇，险中求稳，着意对比，打破对称，形成一个富有节奏的协调整体。中国画多采用"三七停"起手法则，多把主体物象放在"三七点"上，对打破均衡、匀称起到至关重要的作用，也易于形成韵律节奏，给观者以视觉美感。

　　中国画博大精深，源远流长，融诗、书、印于一炉。宋人邓椿说："画者，文之极也。""画到极至"谈何容易，能创作出一两件与众不同、经得起历史检验的作品并非易事。因循守旧不行，越雷池甚远也不行；不师古人不行，师古不化也不行；不师自然、不师心不行，走捷径、搞旁门左道更不行。

　　绘画有高有低，因而就有了不同时代的品评标准。张怀瓘提出了"神、妙、能"三品，朱景玄提出了"神、妙、能、逸"四品，黄休复则强调"逸、神、妙、能"四格，张彦远定了"自然、神、妙、精、谨细"五品级。不论是神先逸后，还是逸先神后，都说明中国画始终追逐着高品位，充满着美学意识、自我意识，在借鉴传统的基础上艰难探索，力求创出个人高雅的风格，力争呈现出更加自然的气息。

　　看画还要远观其势，近取其质。利用不固定的视距，观其物象。远看大势气韵，近看点线质量。"豪放不忘精微"，往往在细小的部分更能体察作者的绘画能力。"六法"精论，千古不移，是画学传统的金科玉律。在中国绘画史上这一理论具有无法撼动的深远作用，也是时下评价、品赏中国画的根本法则。凡属画人必受这一法则的约束和检验，用这一法则鉴赏、评价中国画作品，其高低自可辨也。

诸家论张成泽

张家纬（原山东省文学艺术界联合会党组书记、副主席，原山东省政协常委）：张成泽先生是我的一位好朋友，也曾是我的战友。熟悉这个名字，还是在 20 世纪 80 年代初。为提高部队干部的文化水平，军区党委决定开办军区机关和所属部队业余大学。张成泽是该大学的一名优秀学员，曾在考试中一次通过了四门课程，这在全区学员中是绝无仅有的，他因此得到了军区首长的称赞。从此"张成泽"这个名字深深印在我的脑海里，可那时我们并未谋面。两年前，我们在济南华夏齐鲁文化城张成泽的索艺轩工作室不期而遇，之后我们的关系越来越密切。交往中我觉得他诚实老练，谦逊好学，待人谦和。索艺轩工作室里那一幅幅功底深厚、清新雅致、流溢诗情、赏心悦目的画作，使人感知到他是一位很有才华的画家。近来为写这篇短文，我翻阅了关于他的许多资料，又与他长谈数小时，深入了解了他的成长、奋斗、成就和期许，才发现他成功的背后有着许多令人感动和钦佩的故事。他就像一部充满正能量的书，让人回味无穷，并能从中汲取智慧和力量。再读张成泽，我受益良多。

张成泽自幼就对书画情有独钟，他曾对他爸爸说："我要当画家。"可他并不知道这条路有多远、有多难。他不怕路远，不惧艰辛，矢志不移，决心"一条路走到黑"。他从七八岁起就求师问道，著名画家王小古先生就是他的第一位恩师；十几岁就给邻里写春联；入伍后，军营里到处都有他写的标语和他画的宣传画，战友们都知道有个"兵画家"。后来，张成泽被调到军区医院，从此这里就有了一位"画家院长"。

1992 年，张成泽转业到地方工作，他迅速融入书画圈，如鱼得水。书画创作几乎占据了他所有的空闲时间。韩愈的警句"业精于勤，荒于嬉；行成于思，毁于随"一直是他的座右铭。他坚持以古人为师、以大自然为师、以当代名家为师、以人民大众为师，勤奋好学，孜孜以求。几十年来，他临摹了大量古代名画，向先贤求教，寻根求源；他不畏严寒酷暑到处写生，足迹遍及全国各地，植根生活，取法自然，索其本真；他以名家为师，李魁正、张立辰、郭怡孮、唐勇力、崔培鲁等当代名家都是他的恩师。通过经久不懈的学习实践，张成泽的书画创作已达到了很高的水准，他也跻身名家行列，但他并没有就此止步，而是坚守初心，不断创作，向着绘画艺术的高峰发起了新的冲击！

没骨画可以说是绘画艺术皇冠上的明珠。它起源于南北朝时期，始于五代，确立于宋，集大成于清初。在文人画兴盛的七百多年里，画家普遍"尚意"而疏于对色彩的研究和应用，致使没骨画种日衰。张成泽将使中华民族这一传统艺术发扬光大，让"一片宣淡的水墨世界变得灿烂夺目，多姿多彩"，作为自己的奋斗目标和努力方向，更把它看成是一份社会责任。为此，年近半百的他毅然辞去公职，放弃了稳定的收入，自费考入中央美术学院。通过系统学习绘画理论知识和技法，夯实了自身基础。后来，他又考入中国艺术研究院研究生院李魁正花鸟画课程班，更系统地学习工笔、没骨、线描等绘画。他凭借睿智、刻苦和不落俗套、勇于创新的精神，终于全面掌握了没骨画的理论、技法、色彩运用和创作知识，并在理论和实践的结合上冲破了一道道"黑障"，走出了一条全新的路子。张成泽秉持"古为今用，洋为中用"的原则，创作出了许多生机盎然、肌理斑驳、清新亮丽、深受大众欢迎的精品佳作，在中国美术家协会举办的全国大展中连连获奖。

综观张成泽的作品，不难看出其通体体现着辩证唯物主义与历史唯物主义的哲学观点。他始终坚持对立统一的辩证规律，这使得作品更加理性、深邃，既具共性又有个性，有着更高的格调和品位。他始终坚持守正创新，一方面向古人、向现代名家学习，另一方面又做到了"师古而不泥古，师心而不师迹"，勇于探索，独辟蹊径，使作品更鲜活、更具现代文明气息。张成泽始终坚持"源于生活，又高于生活"的创作理念，努力做到现实主义与浪漫主义相结合、自然景致与人文精神相统一，使作品更典型、更前卫、更具冲击力，同时也更有欣赏性和现实意义。其实，在人类生活中处处都体现着唯物辩证法，书画创作当然也不例外，只是有人不注意罢了。张成泽深深认识到这一点，实实在在地把唯物辩证法运用到了创作之中。这就不难理解其作品为何出类拔萃了。

张成泽先生是一位著名画家，从理论研究到创作实践成就斐然，在社会上影响大，呼声高！已逾古稀之年的张成泽，依然壮志不减，不懈追求，伏案笔耕，还要为他所钟爱的绘画事业做出新的贡献。"老骥伏枥，志在千里；烈士暮年，壮心不已。"壮哉！成泽老弟。

张业法（原中国书法家协会副主席、山东省书法家协会主席）：张成泽的书画艺术早年已打下了坚实的基础。后他又到中央美术学院、中国艺术研究院学习深造，系统学习了美术理论与绘画知识，受益匪浅。名家的指教让他对书画艺术有了更加深刻的认识和感悟，使自己的文化底蕴与文明情趣得到了进一步升华，艺术观念发生了质的飞跃。张成泽始终恪守"外师造化、中得心源"的创作理念，以自然为师，坚持外出写生，从大自然中寻找艺术创作灵感。他的作品广采众家之长，又融入了书法和西画的元素，经师造化和从于心的创作，从众家之中脱颖而出。其作品具有潇洒、豪爽、逸妙、灵动的艺术特色。同时，他也是苦学派，在多年的艺术实践中，他吃苦耐劳，刻苦研习，不断领悟笔墨艺术不可穷尽的生命力。张成泽先生的书法清正、文雅、遒劲、脱俗。他刻苦临习名碑名帖，广泛涉猎多种书体，在书法艺术探索方面下了很多功夫，基本功相当扎实。他的书法和绘画相得益彰，有些画作题字极为精彩。作为一名画家，他在书法上能取得如此成就，实在难能可贵！

苗长水（著名作家、艺术评论家）：张成泽是从部队走出的画家，早年便拜师求艺。他读小学时跟王亭祥老师学习基础绘画知识，读中学时跟老师一起绘制过多幅宣传画。他常利用节假日请著名书法家张立朝先生指导书法习作，张老师给予他悉心教诲和关键性指导。张成泽的作品多次参加过部队组织的美术展览，《翠羽》《热风》分别获得一等奖。后来，他钟情于花鸟，常作梅兰竹菊、翎毛鱼虫，最善画葡萄，为熟葡萄之性曾专门拜访葡萄专家，在自家小院种植葡萄反复揣摩；为掌握葡萄更多品种的特性，专程赴新疆维吾尔自治区吐鲁番市葡萄沟风景区写生，记录不同品种的特征。他的葡萄作品开合得法，生熟兼之，"酸甜"适度，其恩师崔培鲁先生在评价他的葡萄作品时称赞道："熟其性，得其神。"

中国花鸟画是美的。美的笔触、墨痕、色调，蕴含着想象、情思、哲理、诗意，耐人寻味。张成泽在写意花鸟画方面，已有较深造诣的状况下，开始思考自己绘画路子的现代转型，并尝试从没骨花鸟画入手，进行全新视觉的艺术探索，注重表现个人内心深处的真切感受。他说："绘事包容性大，文化含量高，书画家要付出艰苦的劳动甚至毕生的精力才能实现，即使天才在短时间内也解决不了问题。绘事要以前人为师，以自然为师，以心为师。不师前人作品必是幼稚原始，不师自然作品必是机械重复，不师心作品必定板滞刻陋。"为师前人，他投入了大量精力临摹古代有代表性的人物画、山水画、花鸟画；为师自然，他常外出体察写生；为师心，他细心研究绘画理论，多方接受旁系学科的滋养。张成泽绘制了一幅齐白石大师像挂在案头，激励自己在艺术征途上不断求索。

为了掌握更多的绘画知识，实现自己在艺术道路上走得更远的愿望，他毅然放弃了不错的工作岗位，赴中央美术学院求学，学到了人物画、山水画、花鸟画更深层次的知识；掌握了工笔、写意、线描、泼绘、岩彩的基本技法；学习了人体解剖学、色彩学、绘画理论、经典临摹等专业课程，受益匪浅。笔墨也在随之发生着变化。他拜读大师巨匠们的真迹，开阔了眼界，进一步增强了对传统精品力作的敬仰与热爱。在中央美术学院结业后，张成泽先生受聘于几所大学教授中国画，深受学员们的尊重与爱戴。他并不满足于所学的知识，他想有一个进一步巩固和实践的过程，尤其是想在没骨画上有所进步和提高。2006年，他考取了中国艺术研究院研究生院李魁正先生的花鸟画研究生课程班，更系统更全面地学习花鸟画尤其是没骨画的理论、技法、色彩和创作。

在两所艺术院校学习过的张成泽，接受的是传统艺术教育，练就了不俗的笔墨功夫。但社会的飞速发展和进步引发了他对传统艺术表现题材的思索。在他看来，绘画也是一种社会责任。他不愿意把绘画仅仅作为一种重复自己、重复别人的消遣，他更注重表现自己内心深处的真切感受。生活中的张成泽不善言辞，谦逊朴实，而艺术上的张成泽十分睿智，广采博纳，他对艺术倾注的情感是忘我的。他在创作中重视艺论思考，不墨守成规，始终走在探索的路上。他的作品韵味独特，把观者领进了一个意态生动、沉雄稳健的艺术境地。在炎黄艺术馆的毕业展中，张成泽先生用没骨法绘制的以瓷玫瑰为题材的《南国瑰丽》生机盎然、肌理斑驳、清新明丽，给人一种蓬勃向上之感。之后，他的作品《瑰丽》《晨露》《幽情》《东风沐》在中国美术家协会主办的全国美术作品展览中连连入选和获奖，其中一次是最高奖。

张成泽先生的创作关注当下文明，关注自然生态，他把再现自然景致和弘扬人文精神有机地结合，并赋予作品欣赏和现实意义。张成泽有着扎实的写生功底，各种植物、禽鸟在他笔下自然生动。他不畏艰苦，常到生活中体察研究，记录花木禽鸟结构、习性，不断到大自然中汲取营养，以启发思路，开拓笔墨。他注重书法研习，广泛涉猎古今中外各种绘画和旁系学科艺术，讲究物为我用。他行走阡陌，曾三次赴滇写生热带花卉，去洛阳、菏泽写生牡丹，去南京、武汉写生梅花，去枣庄写生石榴……

张成泽不追求孤芳自赏的笔墨情趣，不哗众取宠，而是扎实认真地刻画形象，着力于形态、动势和质感的表现，重视色彩的搭配和整幅作品氛围的把控。他的作品不论是写意、工笔，还是没骨、线描，都体现出写不荒率、工不刻板，严谨有度。其构图安排于巧妙中显出优美，用笔沉着稳健，设色和谐自然。其画风清新秀润、素净典雅。

创作真正进入状态，就会进入物我两忘之境。有功利思想的创作心态与静心"游于艺"的创作心态，创作出的作品质量差距之大可想而知。张成泽先生的作品就能让我们感到一种平心静气、忘我投入的作画心态，这在市场喧闹的今天是十分难得可贵的。

任忠林（某部政治处主任、自由撰稿人）：张成泽先生出生在古代伟大的思想家墨子的故乡，自幼酷爱书画。读小学时曾受到著名国画家王小古先生指点，后师从崔培鲁教授，就读于中央美术学院国画系，受教于郭怡孮、张立辰、赵宁安诸位先生。闲谈中我发现张先生不仅写得好，画得妙，说得也是头头是道，比如："文学和艺术是一个民族经久不衰的载体。文学的主体是爱，艺术的真谛是美，其功能都是成教化、助人伦。""书画艺术的美离不开传统的滋润和自然的沐浴，是作者真情实感的自然流露。生活永远是创作的源泉。读万卷书，行万里路，废万张纸，做事先做人，功夫在画外。"

面对当前五花八门的学风、画风，张先生以平静的心态对待，不为积习所蔽，不为时尚所惑，不为浮名所累。他以敏锐的眼光、冷静的头脑去观察思考。他不走捷径，不赶时髦，不随波逐流，始终恪守自己的艺术理念——师法自然，走传统之路，深入生活，重现实主义，把握时代脉搏，弘扬正气，担负起书画家的社会责任。

张成泽先生谦逊好学，广采博纳，勤笔躬耕。为画好孔雀，他去过北京陶然亭公园的孔雀园、云南，仅孔雀写生稿就足有100多张。他所画的人物、山水、动物、花卉等，都栩栩如生、跌宕典雅。

张先生书画并举，是书法的点、线给他的画作带来生动的气韵和不俗的风格。艺术的价值在于创新，他在艺术手法和理论造诣上不断挑战自我，否定自我，突破自我。多年的笔墨实践使他的书画技艺不断娴熟精湛，不论是宏幅巨制，还是尺牍小品，都饱含着传统功力和自然生机。他用个人的灵感和才华抒发着生活的体验，用作品叙说着世间百态。

隗剑刚（作家、艺术评论家）：我在见到张成泽先生之前，就在朋友处闻其大名，与其晤面则是在位于济南齐鲁文化城的索艺轩工作室。

成泽先生秀外慧中，谦逊寡言。通过交流，我得知他毕业于山东大学，曾在中央美术学院国画系和中国艺术研究院研究生院学习，师从当代著名画家李魁正、张立辰、郭怡孮、唐勇力、崔培鲁诸位先生。低调内敛、纳言而敏行是成泽先生给人的第一印象。常言道，勤奋出作家，其实勤奋更出画家。"衣带渐宽终不悔，为伊消得人憔悴。"成泽先生工于花鸟，醉心于没骨。他秉持求真的精神，足迹踏遍全国各地，行走阡陌，亲近自然，积累了大量的写生素材和创作经验。其因基础坚实，故能厚积薄发，才有了今天的非凡成就。自20世纪90年代以来，他的作品屡屡获得国家级大奖。作为中国工笔画学会会员、山东美术家协会会员、山东画院高级画师和几所大学兼职教授，他的理论文章和画作更是频频被收入专业教科书，成为专业领域的范本。

索艺轩内成泽先生的作品，无不透出一股独特的神韵。墙上一幅名为《深秋》的没骨画作品，构图奇特，技法纯熟老到，意境不凡。特写的近景中，欲败还挺的残荷，写实而逼真，远处白茫茫的水面和淡淡的兼葭以及空中飞翔的大雁、翻滚的云朵有机地组合在一起，显示了萧瑟的季节里生命的顽强和不屈，那丰实的莲蓬象征着生命的延伸，象征意义非常强烈。他的写意画则疏密浓淡参差得当，写生线描更是惟妙惟肖，可以说他写实写意挥洒自如。在索艺轩，我看到一幅大尺幅的五峰山胜景《松云春秋》，其构图奇特，不落窠臼，画面中苍松扶云、碑楼屹立、飞鸟盘旋，其古朴感、沧桑感让人如临其境。他的作品立意新颖，深厚耐品，可见他在经意与不经意间构建着自己的艺术形式。一花一叶的景致、一草一木的姿容、一鸟一虫的情愫，无不彰显着他的沉稳而不俗的眼界与胸襟。

"问渠那得清如许？为有源头活水来。"也许正是成泽先生的博学、勤奋、悟性以及他对艺术的孜孜以求，成就了他当下的辉煌。"长风破浪会有时，直挂云帆济沧海。"期待着实力雄厚的张成泽先生艺海扬帆，直达艺术自由王国彼岸的那一天。

陈希全（文华堂艺术馆馆长，艺术评论家、鉴赏家）：张成泽先生是我的一位兄长。他是山东人，深受儒家文化影响，善良、温和、勤奋、低调、谦逊、执着、坚毅。但当我看到他的没骨花鸟画时，还是有些意外。他的画作，含蓄中寓阳刚，朦胧中蕴清健，画面中那种时尚的体裁、靓丽的色泽、文静的气息与这位沉稳坚毅、朴实安静的山东汉子形成反差。当你慢慢与他接触，你又会发现他是一位知识渊博，涵养深厚，醉心于书画理论研究，对国画创作有自己独特追求的优秀画家。

张成泽先生很早就对绘画艺术表现出一种固执般的追求，读小学时就跟叔叔一起拜见著名画家王小古先生，后师从崔培鲁先生学习写意花鸟画，深谙此花鸟画派精髓，也因此打下了扎实的笔墨基础。但他不满足于此，1999年去中央美术学院国画系学习，受教于张立辰等教授，系统地学习了中央美术学院设置的各门课程。2006年，他又考入中国艺术研究院李魁正先生花鸟画研究生班，在工笔、没骨画名家何家英、贾广健、潘英、付爱民、贾宝锋等老师的指导下，全面系统地学习了花鸟画的理论、技法、色彩和创作。在此期间，他更受到当代没骨画大家李魁正先生的谆谆教诲和关键性的指导，并获得李魁正先生的激励和认可。这使他与没骨画结下了不解之缘。张成泽先生认为，没骨画是唯美的，它有美的笔触、美的墨痕、美的色调，蕴含着想象、情思、哲理、诗性，所有这些都耐人寻味，令人向往。他坚信，"现代没骨画的崛起是中国画的自我完善、自我发展的体现，它决不单纯是技法的问题，它将使一片黯淡的水墨世界变得更加灿烂夺目，多姿多彩"。特别是当代没骨画主张融会东西方绘画语言，表现中华民族精神，成为工写之间的桥梁、意象思维与抽象思维的沟通媒介，其线色、墨色交融，工写结合，收放自如的方式，非常适合于表现具有东方意蕴和现代都市情感的艺术效果。这些都深深吸引着张成泽先生把没骨画的创作、探索作为终生追求的目标。

写意性贯穿于张成泽先生的没骨画创作。高雅的意境和格调一致是他创作的追求，张成泽先生的没骨花鸟画通过对物象的刻画渲染传递出的意象、意境，是他自身的涵养、修为、精神和审美的集中表现。他在忠实于客观物象表达的基础上，更追求主观情绪的抒发。没骨画中与生俱来的写意性，在强调物象本身的同时，也反映了物象的意蕴之美。张成泽先生笔下的没骨画抒发性情，所绘之物随心意造，但又不脱离物象本身，作传情达意之用。他追求"淡逸而不入于轻浮，浓厚而不流于郁滞"的墨色效果，用幽淡秀雅之笔制作工整典丽之画，把作者的人文修养、气质和审美理想融入作品之中，产生光幻情迷的艺术效果。这种超然物外的写意性，在彩墨间不经意地开合相生，从实境中引出意境，给人以无穷回味！

回顾张成泽先生的从艺历程，他先是从书法入手，之后搞过壁画创作，再到写意花鸟，最终走向没骨画的创作。画没骨画既要有写意画的笔墨修养，又要有工笔画的造型基础，还要懂得西方绘画的色彩，而这些张成泽先生恰恰都具备，也就是说他有了成为没骨花鸟画名家的潜质。他的没骨画注重承传开拓、中西融合、工写结合，强调团块结构、光色表现和构成意识。为达到这一艺术境界，他也付出了别人难以想象的艰辛。

当代没骨画重视写生。为了契合当下的审美，获得生动鲜活的第一手创作素材，张成泽先生不畏艰辛三赴滇南搜寻热带花卉，去新疆、大泽山观察临写葡萄，去洛阳、菏泽寻访体察牡丹的生态习性，去武汉、南京踏雪寻梅、对景写生……在这大量的写生实践中，他注重对自然物象进行客观准确的表现。他对物写形，借物抒情，取其向背阴阳，达到妙合自然的意韵。他通过细致地刻画植物花形、禽鸟动态，生动地表现物象的形态、动势和质感，从而发掘出表现对象的内在精神，达到以形写神、气韵生动的终极理想。

张成泽先生认为，在对立的统一中求得平衡是审美的一般准则，创作中他也是这样坚持的。使用适合抒发自己审美诉求的色彩，是张成泽先生的优势。他在没骨画创作中，将柔雅的色彩作为造型的主要手段。为营造静雅的人文气息，他采用柔和光源笼罩一层朦胧意象，追求一种中和、素净、雅逸之美。由于没骨画隐去线条用笔容易流于柔弱甜俗，为克服这一弊端，他注重气势、骨力的营造，他笔下的花鸟劲健挺拔、严谨有度、生机盎然。在墨色语言上，他受印象派、后现代派影响，追求明丽秀润的色彩和丰富的装饰效果。他善用混合的复色来表现物象、色阶乃至光照的不同，他对色彩的明暗度特别敏感与看重，以取得一种浑厚凝重、清新沉稳的效果。在画面上，他对委婉含蓄、朦胧柔美与刚健雄强这些对立元素进行调和统一，使画面达到和谐的状态。为了营造宁静平和的气息，他刻意弱化画面上的光源效果；为了表现萼瓣枝叶的莹透，他常用两种或两种以上深浅不一的色彩冲染出叶脉纹理略去勾线；为了营造娇嫩秀美的效果，他弱化立体感，减少渍染叶瓣的层次以达作品整一。他做的这些努力，都是为了达到追求自然和谐的审美视觉效果。

张成泽先生的没骨花鸟画融汇中西，取材现代，造型新颖，充满着现代气息和民族精神；题材、笔墨与众不同，在一定程度上开拓了花鸟画的空间，扩大了花鸟画的格局和突出特征。他大胆舍弃旧有造型规范的束缚，强调在流畅、有力的刻画中表现物象的力度感与抒情性，以适度的夸张变形、方折舒展、几何块面的独特表现形式展现出不可遏制的生命力与创作激情。张成泽先生热衷表现的热带植物瓷玫瑰、地涌金莲、海芋、火焰花等无不有着强烈的时代气息，他对美丽的色泽、挺拔的姿态情有独钟，他作品中那种蓬勃向上的朝气、涌动变幻的旋律，加上得当的色彩、斑斓的肌理，给人一种耳目一新之感。张成泽先生描绘的是天地万物中更有内涵和深意的景象，反映出来的不仅仅有他个人的风格，还有时代的要求、民族的呼唤。

张成泽先生的没骨花鸟画构图独具新意。中国画的构图十分讲究，顾恺之称之为"置阵布势"，谢赫则称之为"经营位置"，虽然提法不一，但意义相同，都是将作者要表达的内容与形式加以组织安排，形成一个体现个性、呈现气势、和谐统一的整体画面。一幅作品格调高低，构图极为关键。张成泽先生在对构图的把握上遵循的也是对立统一规律，使其稳中求奇，险中求稳，着意对比，打破对称，形成一个富有节奏的和谐整体。他也擅长以形式感来表述情怀。张成泽常采用的是"三七停"起手法则，把主要的内容安排在"三七点"上，形成韵律节奏，给观者以视觉美感和冲击。他往往在生活中发现最为本质的形式因素，并以最纯粹、最典型的方式展现出来，将自然形式之美提升为构成之美。在构图上他避免平庸，追求每一幅画都要有不同的视觉、不同的立意、不同的情思，力争在章法构成上趋于对立统一。

张成泽先生的没骨花鸟画，让我们感到一种平心静气、忘我投入的可贵创作心态，也让我们看到了张成泽先生在没骨花鸟画领域进行的一些独特和富有成效的探索，以及取得的一些突出成就，相信他凭借坚忍的性格和鲜明的个性以及对没骨画的执着追求，定会在不久的将来取得累累硕果！我们热切地期待着！

国画艺术进入21世纪后，其发展波澜壮阔，整个画坛可以说是群星灿烂。张成泽，虽是中国民间手执画笔的一个小人物，却也承古创新，融汇中西，几经碰撞糅合，使没骨画这一古老而充满活力的东方画种取得了突破性进展；他的事迹，虽不及绘画大师们那一座座高入云天的丰碑，却也因其人格魅力、艺术成就、不凡事迹而可歌可泣、可圈可点，令我辈击节赞叹。

"读张成泽先生作品，徜徉人间奇葩里，听鸟语闻花香，无论风雨与彩虹，于生活于艺术中，你必须想到美，才会有生活与艺术的成就美。"同道黄雪梅、战友孟庆文品赏张成泽的诗画，也都感慨万分，分别作诗点评。

丹青伴你一世情缘

黄雪梅

读了你昨天今天，
禅心渗透了奇缘，
没有丁香花的浪漫，
更没有江南柔情雨烟。
只有三月读你国色牡丹，
只有盛夏读你朵朵睡莲。

深秋你写枫叶烂漫，
寒冬你绘梅花之颜。
不要盟誓海枯石烂，
走向自然就会开眼。
无论艰辛还是困难，
丹青伴你一世情缘。

眼儿媚·秋鸿

——题张成泽战友画作

孟庆文

《秋渚芦雁》

西风秋暮下斜阳，
素水共天长。
蒹葭摇雪，
寒菊滴露，
衰草茫茫。

飞鸿雁荡翻红掌，
一跃掠清江。
冲霄排阵，
凌霄鸣志，
振翅翱翔。

眼儿媚·白桦
——题张成泽战友画作

孟庆文

《耐霜图》

行行片片占重峦，
涂雪染峰巅。
亭亭耸立，
根植黑土，
冠盖白山。

东南西北疾风劲，
楚楚自安然。
横生傲骨，
枝分满月，
叶碎青天。

眼儿媚·秋菊
——题张成泽战友画作

孟庆文

《清秋》

轻云薄雾淡秋霜，
炫目泛金黄。
东篱朵朵，
南阡簇簇，
溪畔行行。

花开不并皇林苑，
随处占平乡。
繁枝叠翠，
瑰英裹露，
稚蕊含香。

附录 1

张成泽作品欣赏
工笔没骨篇

《辉煌》

《波罗蜜》

《秋水梳羽》

《翔》

《浩然正气》

《灵犀》

《走过四季》

《荷香十里》

《琼浆玉液》

《娇不染尘》

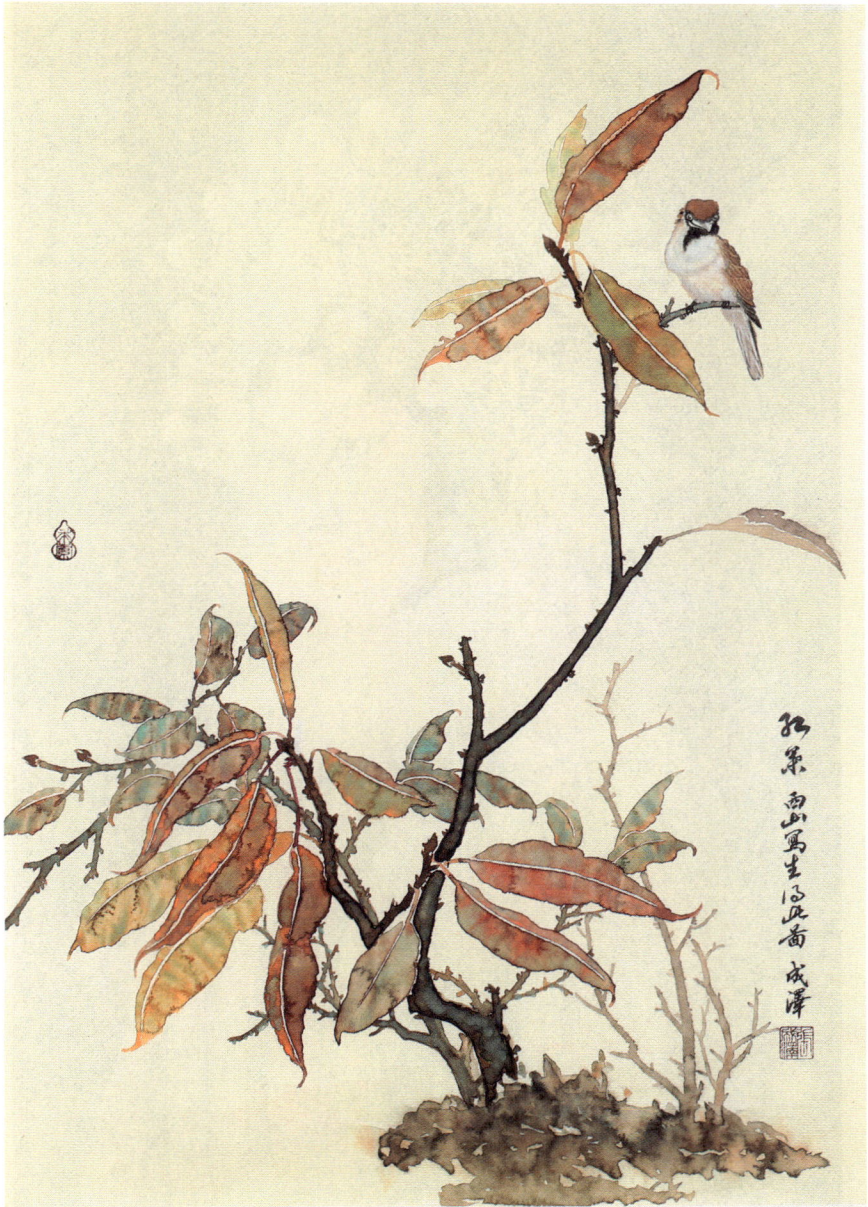

《红叶》

《京韵》

《京韵》

写意篇

《莽原双鹫》

《锦鸡》

《育雏图》

《家园》

《育雏》

《孔雀》

《鸡》

《松鹤延年》

《孔雀白梅》

《蜂猴图》

《沧桑岁华》

线描篇

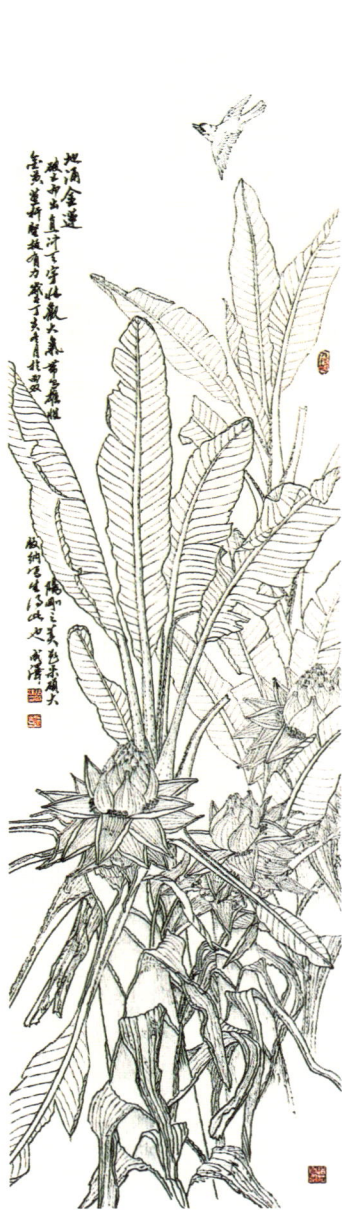

人物篇

齐老博采众长艺术小宗一家
小拘古法主张敝乡妙强注意神
韵提炼作极妙生似兴不似之间
予谓不予为幅珍品无愧氏
宗师雪林成泽恭绘

大师齐白石

临摹《神仙卷》

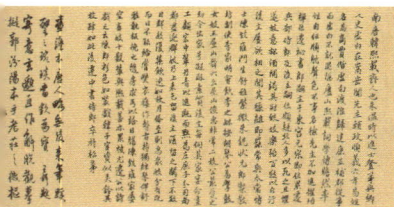

临摹《韩熙载夜宴图》

附录 2

张成泽艺术年表

1962 年 6 月，9 岁的张成泽登门拜美术教授王小古先生为师学画。

1968 年暑假期间，身为初中一年级学生的张成泽和郭富义老师合作，用油画的形式为家乡南沙河公社各村画了 6 块壁板的毛主席巨幅画像。

1973 年 7 月，张成泽为独立坦克第一修理营游泳池创作高 1.5 米、长 6 米的大型壁画《武装泅渡》，塑造了一群劈波斩浪、冲锋陷阵的战士形象。

1977 年 4 月，张成泽用九天九夜的时间画出了一张 C20 车床的大型解剖图的教学挂图，在部队引起轰动。

1986 年 5 月，张成泽带领电话班战士巡线时画出了国画《雨后彩虹》。

1991 年 6 月，张成泽的国画《雄峙东方》入选山东省纪念中国共产党建党 70 周年美术作品展览。

1991 年 7 月 1 日，为庆祝中国共产党建党 70 周年，张成泽画了一幅马克思肖像，后被铁路大厂展览并刊登在《济南日报》上。

1995 年，张成泽的国画《战地黄花》获"纪念抗日战争和世界反法西斯战争胜利 50 周年全国展"三等奖。

1997 年 7 月，为迎接香港回归，张成泽精心绘制了《国色天香》《万圆呈祥》两幅作品赠送给香港特别行政区政府。

1997 年 8 月，张成泽的国画《寰宇》获济南军区纪念中国人民解放军建军 70 周年美术作品展览二等奖。

1999 年 5 月，张成泽的作品《至圣先师》入选中国美术家协会主办的"纪念孔子诞辰 2550 周年全国书画大展"。

1999 年 10 月，张成泽应邀走进天安门国旗护卫队，为战友们作画。

2000 年 5 月上旬，张成泽在中央美术学院上学期间创作的以圆明园遗址为题材的两幅工笔画作品《国殇》与《风骨》，赢得国内外观众广泛赞誉。

2000 年 9 月，张成泽受聘为山东联合大学兼职教授。

2001 年，张成泽的国画《圣地》入选中国文学艺术界联合会"伟大丰碑"全国艺术展。

2001 年，张成泽的国画《翠羽》获济南军区美术作品展览一等奖。

2001 年 6 月，张成泽的国画《南湖曙光》入选山东省庆祝中国共产党成立 80 周年美术作品展览。

2002 年 3 月，张成泽出版画集《张成泽国画选》。

2002 年 9 月，张成泽受聘济南市老年大学、山东省老年大学，任美术教师。

2005 年 5 月，张成泽的理论文章《如何欣赏中国画浅谈》公开发表。

2006 年 8 月，张成泽考入中国艺术研究院研究生院李魁正花鸟画工作室。

2006 年秋天，张成泽与中央美术学院的五位同学杨金勇、张建京、徐隆、解晓翎、袁艺，在济南市胜利大街 56 号荣宝斋（后改建为山东书城）举办六人作品联展。

2007 年 6 月，张成泽的没骨画作品《南国瑰丽》，获山东省庆祝党的十七大胜利召开中国画展二等奖。

2007 年 8 月，张成泽的没骨画作品《瑰丽》获中国美术家协会主办的第二届"齐白石奖"中国画作品展优秀奖，入编《齐白石奖中国画书法作品集》。

2007 年 10 月，《中国美术》杂志第 10 期刊登张成泽创作的一幅没骨画《瑰丽》。

2007 年 12 月，张成泽的没骨画作品《晨露》，获中国文学艺术界联合会、中国美术家协会主办的 2007 年全国中国画作品展优秀奖（最高奖），入编《全国中国画作品集》。

截至 2007 年，河北美术出版社出版的《新编花鸟画谱丛书》共选编张成泽绘画作品 80 余幅。

2008 年 7 月，张成泽的没骨画作品《幽情》，入选中国美术家协会主办的"和谐家园"全国工笔画作品展，入编《"和谐家园"全国工笔画作品展作品集》。

2008年8月，张成泽的《放归》《晨露》等四幅没骨画作品入编2007届中国艺术研究院《李魁正花鸟画工作室师生作品集》。

2008年12月，张成泽被山东省美术家协会吸收为会员。

2009年2月，张成泽的没骨画作品《热风》，参加山东省首届花鸟画大展并入编《齐鲁花鸟——山东中国花鸟画作品集》。

2009年6月，张成泽出版《张成泽花鸟画作品集》。

2010年6月，张成泽的作品《丽春》获解放军总装备部首届职工书画作品展三等奖。

2010年10月，张成泽被中国工笔画学会吸收为首批会员。

2012年3月，张成泽的没骨画作品《东风沐》，入选中国当代花鸟画画展（由中国美术家协会、江西省文学艺术界联合会共同举办），并入编《中国当代花鸟画作品集》。

2013年9月，张成泽的作品《版纳风物》，入选"大美西双版纳"全国学术展，入编《全国工笔画学术展作品集》。

2015年10月2日，张成泽应江苏省文学艺术界联合会之约，在江苏苏州瑞园举办了个人作品展（由江苏省文学艺术界联合会主办）。

2015年10月9日，张成泽应约到江苏省徐州市文怀堂画廊举办了个人作品展。

2017年11月，张成泽出版《张成泽国画集》，恩师李魁正教授为其题写书名。

2017年11月11日，华夏齐鲁文化城五楼展厅（济南市马鞍山路17号），"妙趣自然——张成泽国画艺术展"隆重开幕。这次展览展出了张成泽的120余幅精品力作。

2018年，张成泽受聘为清华大学美术学院现代没骨画创作高级研修班导师，重点讲述没骨画的创作实践与绘画理论。

2018年，《中国热带雨林绘画艺术——线描写生卷》（主编张鉴）选用了张成泽的四幅线描写生作品《雨林蕴幽》《红化芭蕉》《露兜树》《波罗蜜》。

2021 年,《中国艺术家大典》编入张成泽没骨画作品 6 幅、写意画作品 1 幅。

2022 年, 张成泽没骨画作品《晨曦朝露花色浓》作为特邀作品在洛阳美术馆展出并入编洛阳画风《中国画牡丹专题研究展作品集》。

2023 年, 张成泽加入中国美术家协会, 成为会员。

2024 年, 张成泽参与山东省翰林书法院 "情系边防" 活动。

后　记

21世纪的中国画坛群星灿烂，中国画艺术呈现出一派生机盎然、欣欣向荣的景象，如同奔腾不息的长河，虽然是九曲十八弯，但也是波浪翻滚、不断向前。

没骨画是中国画的一个重要门类。历代没骨画家作品精彩纷呈。尤其近年来，没骨画越来越受到创作者和欣赏者的关注与青睐，中国画坛涌现了一些专注于没骨画的优秀画家。张成泽先生便是其中一位。

张成泽先生执着追求的奋斗历程和取得的突出成就令人赞叹。我决定追寻他的足迹，探索他成功的艺术之路，为画坛后辈学习研究画家张成泽先生提供帮助。

2022年下半年，我有机会近距离接触已年近古稀的画家张成泽先生，我时常与他坐在一起听他畅叙过往、回忆趣事，观其耕耘砚池、挥毫作画，如沐春风，真切地感受到了他的画风独特、博学多才、人格魅力和严谨治学的大家风范，更多地欣赏了他的艺术成就，深刻地感受到了张成泽先生的生活修养、拼搏进取的风采。这一切让我刻骨铭心，时时不忘。

张成泽先生有一双善于发现美的眼睛和一颗热诚拥抱美的心灵，他用手中蕴含着想象、情思、哲理与诗性的画笔，给这个世界留下了美的笔触、美的墨痕、美的色调，所有这些都耐人寻味，令人向往。画家张成泽先生，他的人格魅力和精品力作，一定能获得大众的了解和认可，历史和时间一定会给予其公正的评价。

前文是对张成泽先生艺术之路的解读，内容主要来自画家的自述和诸位名家的点评，我只不过是做了一些真实的记录。作者生性迟钝不敏，对画家张成泽先生所谈理解肤浅，所记只不过是他所谈之十一，疏漏多多，记错也难免，敬请见谅。

《水墨彩虹——张成泽的艺术之路》这本文学传记得以面世，我首先感谢济南出版社的诸位编辑为本书的出版付出了大量心血和汗水；还要感谢著名作家苗长水先生在百忙之中为这本书撰写了序言。对此，我不胜感激。

郝传更

2023 年 12 月 26 日于济南